Adlerinnen

Vier Vorträge für Frauen, die immer noch suchen

Alles, was ohne Namen bleibt, nicht in Bildern beschrieben wird, alles, was in Biographien ausgelassen und aus Briefsammlungen verbannt wird, alles, was mit falschem Namen bezeichnet und was schwer erreichbar gemacht wird, alles, was aus dem Gedächtnis verschwand, weil seine Bedeutung unter dem Einfluß unangemessener oder falscher Sprache abhanden gekommen ist – all dies wird nicht nur unausgesprochen bleiben, sondern unaussprechbar werden.

Adrienne Rich

Anna Platsch

Adlerinnen

Vier Vorträge für Frauen, die immer noch suchen

Book on Demand

Originalausgabe
ISBN 3-8311-1461-7

Umschlaggestaltung: Elias Erckens

Herstellung: Books on Demand GmbH
Printed in Germany

Inhalt

Vorwort

In den letzten Jahren habe ich in vielen Städten und Gemeinden, in Frauenzentren, Bildungseinrichtungen und privaten Zirkeln meine Vorträge gehalten. Immer wieder bin ich anschließend gebeten worden, die Texte wegen ihrer Dichte und Intensität zugänglich zu machen, damit man sie nachlesen oder einer Freundin weitergeben könne.

Jetzt bin ich mit Freude dieser Bitte nachgekommen.

Ich habe das direkte Ansprechen der Zuhörerin, der Leserin, aus den Vorträgen beibehalten und auch einige Wiederholungen nicht herausgenommen, die sich durch die Nähe der Themen in den vier Vorträgen ergeben haben.

Mögen die Gedanken und Geschichten meinen Leserinnen und Lesern als Inspiration dienen.

Prien am Chiemsee, im Dezember 2000 *Anna Platsch*

Frauen und Selbstachtung

Von der Kraft des Annehmens

Als ich diesen Vortrag das erste Mal hielt, war ich noch nicht sehr erfahren im Vorträge-Halten. Also hatte ich mir damals Hilfe geholt, erst einmal Hilfe bei einem Mann, die haben nämlich Erfahrung damit. Es war der Schriftsteller Aldous Huxley. Er begann einmal einen Vortrag mit den Worten: „Ich nehme an, daß Sie glauben, ich werde jetzt über sehr gelehrte Dinge reden." Und dann zählte er der Reihe nach die ganzen Erwartungen auf, von denen er wußte, daß die Leute sie an ihn stellten. Aber dann sagte er: "Heute abend drängt es mich eigentlich nur, Sie zu bitten, ein wenig freundlicher zueinander zu sein."[1]

Das sagte ein Mann, ein weiser Mann, einer zum Großteil aus Männern bestehenden Zuhörerschaft.

Ich bin eine Frau und spreche zu Ihnen, und was auch immer Sie erwartet haben, - heute drängt es mich eigentlich nur, Sie zu bitten, ein wenig freundlicher zu sich selbst zu sein.

Als ich während der Vorarbeiten zu diesem Vortrag anderen Frauen und Freundinnen von meinem

Vorhaben erzählte, erfuhr ich bei allen - und zwar ohne Ausnahme - mehr oder weniger dieselbe Reaktion - es war ein stilles Einvernehmen da, ohne Worte signalisierten sie mir: Anna, ich weiß wovon Du sprichst. Und fast immer erzählten die Frauen mir eine Geschichte, wie es ihnen in der einen oder anderen Situation ergangen ist. Jede hatte sofort ein Beispiel, ohne daß sie wußte, wovon ich genau sprechen würde. Es schien mir, daß allein die Verbindung dieser beiden Wörter: „Frau" und „Selbstachtung" etwas auslöst. Einer Freundin erging es folgendermaßen: Ich hatte ihr von meinem Projekt erzählt und begegnete ihr ein paar Tage später wieder, und sie sagte: Anna, ich habe das Wort vergessen, wie hieß denn gleich nochmal das Wort - Frau und was?

Es ist, als gäbe es da in uns eine Schwierigkeit, beides zusammenzubringen, sogar in unserer Vorstellung. Und Sie müssen wissen, diese Freundin, von der ich eben sprach, ist eine schöne, erwachsene Frau, sie hat ein großes schöpferisches Potential in sich, sie hat eine akademische Ausbildung, versorgt eine Familie, ist berufstätig und verdient genügend Geld. Also - unser gutes Funktionieren in der Welt, d.h. auf gesellschaftlicher Ebene einer Männerwelt, heißt noch nicht, daß wir uns selbst, die wir Frauen sind, als Frauen wertschätzen. Es kann auch ein überragender Akt der Anpassung sein, der uns als solcher nicht einmal bewußt sein muß.

Wie mag es dann erst denjenigen von uns ergehen, die all das, was in einer patriarchalen Kultur als so wichtig erscheint, nicht haben?

Wenn ich jetzt zu Ihnen sagen würde, ich kann Juden nicht leiden, oder Türken oder Obdachlose, wären Sie wahrscheinlich empört und würden mich rausschmeißen. Wenn ich Ihnen aber sagen würde, ich kann mich nicht leiden, empfände das sicher ein Großteil von Ihnen als normal, denn Sie haben es sich heute schon ein- oder mehrmals in den verschiedensten Varianten selbst gesagt. Sie sind daran gewöhnt.

Denn die meisten von uns haben eine Menge von ähnlichen Gefühlserfahrungen. Zum Beispiele:

- Daß wir uns nicht liebenswert und nicht wertvoll fühlen,
- daß wir uns unfähig, ohnmächtig, leer und hilflos fühlen,
- daß wir uns schuldig fühlen,
- daß wir erleben, wir hätten keine Berechtigung zu leben, außer wir tun etwas Nützliches oder Sorgendes für andere,
- daß wir keine Erlaubnis in uns spüren, ein eigenes, selbstbestimmtes Leben zu führen,
- oder daß wir uns nicht in der Lage fühlen, verändernd oder gestaltend in das eigene Leben einzugreifen.

Bitte - ich sage nicht, daß wir uns alle immer so fühlen. Aber ich behaupte, daß sich viele von uns immer wieder mit diesen Gefühlen herumschlagen müssen und in ihrem Handeln von diesen Gefühlen beeinträchtigt werden. Viele von uns haben diese Gefühle auch aus ihrer bewußten Wahrnehmung verbannt, um einer rationalen, männlichorientierten

Weltsicht Platz zu machen - verzichten dafür aber auf tiefe Freude und wirkliche Lust am Leben. Das Leben wird dann trocken und vernünftig. Vermutlich schleichen sich durch die Hintertür starke Ängste ein.

Alle diese Gefühle entstehen in der Folge mangelnder Achtung - zuerst erfahrener Mißachtung, Entwürdigung oder Abwertung und ab einem gewissen Punkt glauben wir es dann selber und setzten es in uns fort.

Wenn man Frauen fragt, was sie an sich selbst schätzen oder mögen, ist es oft schwierig, überhaupt eine Antwort zu bekommen. Meistens fällt ihnen erst mal gar nichts ein. Dann kommt vielleicht ein Hinweis auf ein körperliches Detail, zum Beispiel ‚meine Beine' oder ‚meine Zähne' (wobei die meistens schon durch die Hände männlicher Kieferchirurgen in eine allgemeingültige Schönheitsnorm gezwungen wurden). Dieser erste Hinweis auf etwas Körperliches ist der Spiegel unserer Verdinglichung (also daß wir eine Sache sind, keine Menschen, wir stehen zur Verfügung, in welcher Weise auch immer) - denn wie wir körperlich aussehen, hat ja nichts mit dem tiefen Gefühl von uns selbst wirklich etwas zu tun. Es hat nichts damit zu tun, wie ich wirklich bin, in meinem *Sein*.

Viel, viel leichter fällt es Frauen zu sagen, was sie an sich nicht mögen - diese Liste ist meistens endlos.

Es gibt viele allgemeine Untersuchungen zum Thema Selbstachtung. Aber diese sogenannten allgemeinen Untersuchungen haben einen Haken - sie

orientieren sich an männlichen Personen. Und aus diesen Beobachtungen, in denen es ausschließlich um Männer geht, werden allgemeingültige Schlüsse über die menschliche Psychologie, das menschliche Verhalten, die menschlichen Erfahrungen gezogen. So wird das Selbstwertgefühl der Frauen mit dem der Männer verglichen, wobei das der Männer die Norm ist.

Jetzt ist es aber so, daß Frauen von Geburt an andere Erfahrungen machen als Männer, sich anders fühlen, die Welt anders erleben - obwohl wir in einer Gesellschaft leben. Es kommt also bei diesen Untersuchungen sehr genau darauf an, ob mit „Menschen“ Männer und Frauen gemeint sind oder nur Männer. Denn noch immer ist es so, daß die geheime Bedeutung von „Mensch“ eigentlich „Mann“ ist. Auch in uns selbst. Spüren Sie einmal die Schwingung in Ihnen bei dem Satz „Die Würde des Menschen ist unantastbar“. Sehen Sie vor Ihrem inneren Auge einen Mann oder eine Frau? Und wie klingt „Die Würde des Mannes ist unantastbar“? - Neben „Die Würde der Frau ist unantastbar“?

Wenn das Wort Mensch für uns, auch für uns Frauen, „Mann“ bedeutet, dann hieße das, daß die Hälfte des Wortes unbesetzt ist. Leer. Ein unbeschriebenes Blatt. Aber leer vor allem. Und dieser Leere begegnen wir wieder, wenn wir Frauen nach ihrem Gefühl für sich selbst fragen.

„Wenn ich in mich hineinhorche, ist da nichts. Ich fühle mich einfach leer“, beschrieb es eine Freundin. Eine andere sagte: “Ich habe einige Schichten um mich, mit denen ich in der Gesellschaft

funktioniere und meine Pflichten erfülle. Aber innen ist es öde und leer. Niemandsland. Es ist, als wäre ich weiblich nicht befruchtet."

Stellen Sie sich vor, wir würden die andere Hälfte des Wortes „Mensch" mit weiblicher Substanz füllen... Mit unserem eigenen Empfinden von uns selbst und der Welt...

„...die entscheidenden Fragen der politischen Philosophen in unserer ganzen Kulturgeschichte lautete, ‚Was ist der Mann? Was ist die Natur des Mannes?' und ‚Was macht den Mann glücklich?' Bezogen auf Frauen hieß die Frage, ‚Wozu ist die Frau da?' (Es ist also die Frage nach unserer Nützlichkeit, nicht nach unserem *Sein*. ap) Diese funktionale Denkweise, was Frauen betrifft, prägt historisch gesehen alle Institutionen unserer Kultur und damit unsere heutigen Erfahrungen. Wozu ist die Frau da?, wird von den Männern der Theologie gefragt, von den Männern, die unsere Gesetze machen, von den Männern, die über Wirtschafts- und Beschäftigungspolitik bestimmen, von den Männern, die entscheiden, welche Bilder und Botschaften die Massenmedien vermitteln, und vom Mann auf der Straße. Und alle diese Männer entscheiden, die Frau sei dazu da, den Männern zu dienen und deren Bedürfnisse zu befriedigen, niemals jedoch ihre eigenen."[2]

So beschreiben die beiden amerikanischen Autorinnen Sanford und Donovan unsere Situation.

Es ist also gar nicht so einfach für uns, im Leben unseren Platz zu finden, der nicht auf unserer Nützlichkeit beruht.

Aber fangen wir an.

Ich möchte an dieser Stelle einmal erwähnen, daß ich, wenn ich von Männern und Frauen spreche, eigentlich vom Männlichen und vom Weiblichen spreche. Also von zwei Qualitäten, die beide in allen Menschen wirken. Ich werde die Begriffe nicht genauer definieren, sondern offen halten, damit wir spüren können, was männlich und weiblich für uns, für jede einzelne von uns bedeutet. Es ist so wichtig, unsere Begriffs- und Vorstellungswelt wieder zu öffnen, das Unsichere, Vage, etwas Dämmrige wieder hereinzulassen, damit Neues entstehen kann. Es waren Männer, die die Art, wie wir Begriffe bilden, festlegten. Im festen Begriff ist kein Wachsen möglich. Wir aber sind zuständig dafür, daß Neues entsteht.

Und da wir Frauen sind, sind wir natürlich in besonderem Maße für die Achtung des Weiblichen verantwortlich, genauso wie wir besonders von der Mißachtung des Weiblichen betroffen sind, hautnah und persönlich.

Noch ein weiterer Punkt ist an dieser Stelle wichtig. Nämlich, daß wir den scheinbar objektiven Wissenschaften wieder das Wissen aus unserer eigenen Erfahrung hinzufügen.

Die Schriftstellerin Christiane Singer drückte das einmal sehr anschaulich aus: „Als ich neulich einen

Forschungsbericht über Untersuchungen eines großen Spezialisten der Kinderpsychologie las, die zu dem Schluß kamen, daß die Definition des Säuglings als ‚rein vegetatives Wesen' hinfällig geworden sei, dachte ich: Wie viele Jahre hirnrissiger Studien hätte ihm ein offenes Gespräch mit seiner Zugehfrau oder der Frau vom Milchladen gleich um die Ecke erspart!"[3]

Das Vertrauen in unser Erfahrungswissen ist für uns deshalb besonders wichtig, weil vieles von dem, wo die Wissenschaften nicht nutzbringend waren, unsere Selbstachtung betrifft.

In einer „wissenschaftlichen" Studie zum Beispiel wurde nach den charakteristischen Eigenschaften eines gesunden Erwachsenen, eines gesunden Mannes und einer gesunden Frau gefragt. „Es ergaben sich 37 Merkmale für den gesunden Mann, aber nur elf für die gesunde Frau. Gleichzeitig zeigte sich, daß die für das eine Geschlecht als gesund betrachteten Charakteristika nicht für das andere gelten. Ein gesunder Mann (Sie können sich inzwischen schon denken, daß der gesunde Mann schnell derselbe war wie der gesunde Erwachsene... ap) - ein gesunder Mann ist also sehr unabhängig, eine gesunde Frau hat ein starkes Sicherheitsbedürfnis, ein gesunder Mann ist keineswegs emotional, eine gesunde Frau zeigt sehr leicht liebevolle Gefühle usw. Zu der atmosphärisch bestehenden ‚natürlichen Überlegenheit' des Mannes gegenüber der Frau kommt hinzu, daß im Allgemeinen die mit Männern verbundenen

Eigenschaften (z.B. Rationalität, Unabhängigkeit, Führungseigenschaften) in unserer Kultur am höchsten bewertet werden, während die mit Frauen verbundenen charakteristischen Eigenschaften (z.B. Emotionalität, Sensibilität, Hilfsbereitschaft) am geringsten geschätzt werden. Dies offenbart die ausweglose Situation der Frau in unserer Kultur: Entweder beschränkt sie ihr Selbstverständnis auf elf passive Eigenschaften und ist eine gesunde Frau, (was im Grunde auf einer verdeckten Ebene bedeutet, ein nicht gesunder Erwachsener, ap) oder sie begeht Verrat an ihrer Weiblichkeit, indem sie den ihr vorgegebenen Rahmen sprengt und riskiert, als unweiblich gebrandmarkt zu werden. Angesichts dieser Situation ist es praktisch unvermeidlich, daß Frauen eine geringe Selbstachtung haben.“[4]

Sie können sich vorstellen, wenn eine Frau kein tiefes Gefühl von sich selbst hat, daß sie dieses „wer bin ich“ an etwas Äußerem festmachen muß. Zum Beispiel an ihrem Körper, der jung und schön ist, an der Karriere ihres Mannes, am Erfolg ihrer Kinder, an Besitz, an ihrer Arbeit. Ich bin wer, weil ich jung bin, weil mein Mann Professor ist, weil ich Karriere gemacht habe - und so weiter. Wir alle kennen das zur Genüge. So kann ein äußeres Ereignis, eine Trennung zum Beispiel, ein Umzug oder etwas ähnliches, die Frau vollständig in ihrem Selbstbild verstören, da es an dieses Äußere geknüpft war.

Für uns Frauen kann also allein ein natürlicher Vorgang wie das Älterwerden zu einem enormen Problem mit unserer Selbstachtung führen. Wir fallen ja plötzlich in einen Raum völliger Nichtbeachtung.

Sie wissen selbst, daß es noch viele Probleme gibt, die mit einem geringen Selbstwertgefühl einhergehen. Ich möchte jetzt aber weitergehen und einmal schauen, wie wir eigentlich dazu kommen, uns so wenig zu achten. Woher kommt das?

Ich möchte an dieser Stelle nicht auf unsere Prägung in der Kindheit eingehen. Dieser Aspekt ist natürlich sehr wichtig, wir alle wissen das, aber er birgt für uns Frauen ein schreckliches Dilemma. Denn die Überbewertung der Prägung durch die Erfahrungen in der Familie hat sich in den letzten Jahrzehnten immer mehr gegen uns Frauen gerichtet und zwar in unserer Rolle als Mutter. Wie aber können wir lernen, uns als Frauen zu achten, wenn wir die Schuld für unser mangelndes Selbstwertgefühl unseren Müttern geben?

Wie können wir lernen, uns als Frauen zu achten, wenn wir uns als Mütter an allem schuldig fühlen?

Wie können wir lernen, uns zu achten, wenn wir die Verantwortung für unser So-Sein anderen geben und nicht selbst übernehmen? Da würden wir immer nur Opfer bleiben, und das hatten wir doch eigentlich zur Genüge.

Ich will also weiter vorne beginnen. In der Geschichte.

„Was der Mensch sei, sagt ihm die Geschichte“, sagt Dilthey, ein großer Historiker. Dann sind wir nichts, sagt uns die Geschichte, denn wir kommen nicht vor. Gerda Lerner, eine amerikanische Historikerin unserer Zeit, sagt, Frauen haben keine Geschichte. Die große, sogenannte Menschheitsgeschichte ist Männergeschichte.

Ich werde nie eine Erfahrung vergessen, die ich vor vielen Jahren einmal auf der Fraueninsel im Chiemsee hatte. Es fand gerade im Kloster eine Führung für eine Gruppe von katholischen Landfrauen statt, und ich durfte mich ihnen anschließen und mit in die sonst verschlossene Wandelhalle des Klosters kommen. Wir gingen langsam den langen Gang hinunter und ich begann zu zittern. Ich sah etwas, was ich noch nie in meinem Leben gesehen hatte - eine Ahnengalerie, über Jahrhunderte, ausschließlich von Frauen. Frauen, versehen mit den Insignien und Symbolen der Macht, Ringen, Kronen, Zepter, alle in würdevoller, aufrechter Haltung - eine Äbtissin nach der anderen. Und die Nonne, eine kleine, wendige Benediktinerin, die uns durchführte, sie hatte eine Geschichte - nicht nur eine, die sie zu jeder Äbtissin erzählen konnte, sondern eine, mit der sie selbst kontinuierlich, über die Jahrhunderte, verbunden war. Das ist es, was Gerda Lerner betont - dieser Mangel an Kontinuität - immer wieder reißt unsere Geschichte ab, immer wieder müssen wir von vorne beginnen. Wenn es hin und wieder seltene, exponierte Frauen gab, die Frauengeschichte geformt hatten, dann versiegte der Strom und die nächste mußte wieder von vorn anfangen.

Das wirkte sich natürlich katastrophal auf unser Selbstwertgefühl aus. „Beschäftigt sich ein Junge mit

Geschichte, findet er ständig Bestätigung; er erfährt vieles über Kriegshelden, Eroberer, Forschungsreisende, Erfinder - Bilder starker Männer, mit denen er sich identifizieren kann und die seine Selbstachtung steigern. Beschäftigt sich ein Mädchen mit Geschichte, gibt es keine Bestätigung für sie. Verzweifelt sucht sie nach Bildern starker Frauen", schreiben Sanford und Donovan. „Dabei stößt sie auf die Jungfrau von Orléans (auf dem Scheiterhaufen verbrannt),eine Florence Nightingale (Oberkrankenschwester) oder ein paar Königinnen (allesamt nur auf dem Thron, weil männliche Erben fehlten). Darüber hinaus gibt es für das Mädchen kein Vorbild, buchstäblich gar keines. Es ist also kein Wunder, daß sich so viele Frauen als ‚unbeschriebenes Blatt' fühlen."[5]

Und wenn wir heute den Fernseher anmachen und Nachrichten sehen, wo ja die Mächtigen aufmarschieren, dann sieht es noch nicht anders aus.

Viele der „großen" schöpferischen Arbeiten von Frauen sind vergessen oder wurden Männern zugeschrieben oder waren nur möglich, weil eine Frau im Hintergrund den Teil übernommen hatte, der zum Leben gehörte. Ist denn die Bewältigung und Gestaltung des täglichen Lebens kein schöpferischer Akt?

Der Maler Oskar Kokoschka drückt es in einem Brief an seine zukünftige Frau sehr direkt aus: "Du bist die Frau und ich der Künstler. Ich muß Dich bald zur Frau haben, sonst geht meine große Begabung elend zugrunde. Du mußt mich in der Nacht wie ein Zaubertrank neu beleben. Am Tage brauche ich Dich nicht von Deinen Kreisen wegzunehmen. Da sam-

melst Du! Ich begreife es vollkommen, daß es so gut und richtig ist. Und ich kann den ganzen Tag arbeiten und ausgeben, was ich in der Nacht eingesogen habe. Ich habe es heute an der Arbeit am roten Bild gesehen, wie stark Du mich machst und was ich sein werde, wenn die Kraft stetig wirkt!“[6]

Haben Sie schon einmal von Frau Kokoschka gehört?

Was wird aus uns werden, wenn wir diese Zauberkraft für uns selbst zur Verfügung haben? Sind wir dann selbstsüchtig, oder sind wir einfach nur ein ganzer Mensch und wird dadurch der Mann an unserer Seite - oder wo auch immer - einfach in *seinen* Weg, ein ganzer Mensch zu werden, geworfen?

Sie alle kennen wahrscheinlich die Darstellungen jener kleinen Frauenfiguren aus der Frühzeit der Menschheitsgeschichte. Sie sind das Zeugnis einer langen Epoche, die weiblich geprägt war und zu einer ersten Weltkultur führte. Das war vor etwa zehn- bis dreißigtausend Jahren. Männer, die diese Zeit erforschten, nannten diese Kulturen „Matriarchate“ und kamen damit nicht über das Bild einer umgekehrten Machtstruktur hinaus, weshalb sie diese Zeit als primitive Vorstufe zur „eigentlichen“ Kultur sahen, und die beginnt erst zu der Zeit, als die Macht der Männer beginnt. Forscherinnen von heute nennen diese Kulturen zum Beispiel “matrizentrische Kulturen“ und beschreiben sie damit genauer. In ihnen lebten die Menschen über lange Zeiträume ohne An-

zeichen von Kampf und Gewalttätigkeiten. Es bestand eine heilige Verbindung zwischen der menschlichen Gemeinschaft und der natürlichen Welt. Der Mensch erlebte sich als ganz im Bewußtsein eines natürlichen Bewahrtseins, symbolisiert in der Kraft der Großen Göttin.

Die Forscherinnen von heute sehen mit ihrer eigenen Lebenserfahrung, ihrer Intuition und weit fächerübergreifend auf diese Zeit. Sie sind in der Lage, die Symbolsprache jener Kulturen zu entschlüsseln.

So ist die „Fruchtbarkeit" nur eine unter vielen Funktionen der Göttin. Die Göttinnen waren vielmehr Lebenhervorbringende - und das in der ganzen, symbolischen Bedeutung, nicht nur auf einer körperlichen Ebene - sie symbolisieren also tiefursprüngliche kreative Kräfte in uns. Sie waren gewiß nicht Frauen von männlichen Göttern. Auch „Muttergöttin" ist ein viel zu enger Begriff, weil es nicht um körperliche Mutterschaft dabei geht, sondern um eine allumfassende Haltung zum Leben. Diese weiblichen Plastiken „verkörpern Leben, Tod und Regeneration... ."[7]

Vielleicht ist jetzt die Zeit ja reif, daß Frauen wieder ihre ursprünglichen Kräfte als Schöpferinnen von Kultur geben?!

Irgendwo im dritten Jahrtausend vor Christus geschah dann der Einbruch in die hochentwickelten matrizentrischen Kulturen.

Noch ist nicht ganz geklärt, was zu dieser großen Veränderung führte, es gibt verschiedene Theorien darüber, das ist im Augenblick für uns nicht so wich-

tig. Auf jeden Fall war die Folge Habgier und Neid, so schreibt Helmut Uhlig. „Sie führten schon bald zu Betrug, Raub, Entführung und Mord. Es kam zur Kriminalisierung des Lebens auf vielen Gebieten. Denn nun stellte man nicht nur dem Wild, sondern auch den fremden Herden nach. Man überfiel Siedlungen, raubte Kinder und Frauen, die man vergewaltigte, bevor man sie in die Sklaverei führte - einer Lebensform, die dort entstand, wo der Mensch den Mitmenschen nicht mehr achtete. Das waren Erscheinungsformen männlichen Denkens und Handelns. Sie entsprachen der Mentalität der frühen Tierzüchter. Unter ihnen hatte die Frau und mit ihr die Große Mutter nur noch eine periphere Bedeutung. Sie verlor ihre natürliche, zentrale Position und wurde mehr und mehr zur Unterlegenen.“[8]

Das war der Beginn eines Weges, der zu den Ereignissen führte, die wir seitdem „Geschichte“ nennen. Die einstmals hochgeachtete weibliche Gottheit - weiblich deswegen, weil sich in der Frau das Mysterium von Leben, Tod und Wiedergeburt spiegelt - wird nun zum Objekt männlicher Willkür und ihre Göttlichkeit wird von Männern zu zweckerfüllenden Funktionen reduziert, die mit wirklicher Religiosität nichts mehr zu tun haben. Ein ähnlicher Prozeß der Umgestaltung geschah in den großen Offenbarungsreligionen, die in den Händen von Männern Instrumente von Macht und Besitz geworden sind und sich weit entfernt haben von ihren Botschaften der Liebe, Gnade und Barmherzigkeit - alles Aspekte der Großen Mutter. Die Folgen sind dramatisch.

Diese große Kraft des Mütterlichen, die nichts mit körperlichem Muttersein zu tun hat, die nicht auf ein Geschlecht begrenzt ist, ist die große, würdevolle Kraft des Annehmens. Das Akzeptieren des Menschen, so wie er oder sie ist, des Lebens in all seinen Erscheinungsformen. Ein Annehmen ohne zu urteilen, ohne zu werten, ohne zu messen. Diese Kraft des Annehmens hat nichts mit unserer stillen, passiven, leidenden Hinnahme zu tun, die eigentlich nur Ausdruck unserer Angst davor ist, unser Leben selbst in die Hand zu nehmen. Nein, das Annehmen ist eine aktive, würdevolle Kraft.

Aber nicht nur in uns sind diese schöpferischen Kräfte, die von der Einheit des Lebendigen erzählen, im Unbewußten untergegangen, sondern auch im Mann. Für den großen Psychologen Carl Gustav Jung ist die Seele des Mannes weiblich. Was aber geschieht mit Männern einer Zeit, die das Weibliche mißachtet und damit ihre eigene Seele, die doch den Zugang zur großen Welt des lebendigen Gefühls schafft? Und das seit Jahrtausenden?

„Wer nicht von dreitausend Jahren sich weiß Rechenschaft zu geben“, sagt Goethe, „bleibt im Dunkel unerfahren...“

Uns reichen nicht dreitausend Jahre Geschichte, da kommen wir noch nicht vor, wir brauchen mehr, mindestens zehntausend Jahre, damit wir die immense Bedeutung unseres Weges zur Achtung vor uns selbst verstehen können.

Denken wir uns jetzt, eines dieser unsichtbaren Mädchen der Geschichte würde in unsere Zeit hineingeboren. Je nachdem, in welche Familie es kommt, welche Erfahrungen es macht und wie es lernt, mit den Erfahrungen umzugehen, wird es mehr oder weniger Selbstbewußtsein entwickeln. Auch heute noch hat es unzählige Möglichkeiten, weil es ein Mädchen ist, auf vielen Ebenen zutiefst gedemütigt zu werden. In manchen Ländern wird es auch heute noch mit Trauer empfangen oder sogar mit dem Tod bedroht. Die modernste Art der Demütigung wird sein, daß es schon als Kleinkind nach den hohen Ansprüchen eines patriarchalen Leistungs- und Technikwahnsinns gedrillt und genormt und damit seiner Kindheit beraubt wird. Wenn es in eine gestörte Familie kommt, eine andere Hautfarbe hat, arm oder behindert ist, wird sein Weg auf jeden Fall sehr schwierig sein.

Denken wir uns, es würde freundlich aufgenommen. Aber was immer zu ihm gesagt wird, das wird verblassen vor dem, was es sieht und was die Mutter ihm vorlebt. Und wenn es in die Schule kommt, müssen Sie nicht denken, daß es mit gestärkter Selbstachtung am anderen Ende wieder herauskommt, nur weil es doch jetzt, in unserem Jahrhundert, alle Möglichkeiten hat, sich zu bilden. Nein, so einfach ist es nicht. Obwohl es natürlich gut ist, daß es überhaupt auf die Schule gehen darf. Dieses Dürfen, wer von uns kennt es nicht zu Genüge...!

Also es ist deshalb nicht so einfach für unser Mädchen, weil eben an der Schule die Geschichte auch nicht spurlos vorübergegangen ist.

Noch in der Renaissance sollte „die Bildung einer Frau sie dazu befähigen, ihrem Mann eine angenehme und ergebene Gefährtin zu sein. Der den Männern erteilte Unterricht zielte darauf ab, Selbstvertrauen und intellektuellen Mut zu fördern, die richtige Ausbildung für Frauen würde sie dazu befähigen, den Männern die Führung zu überlassen und ihnen zu dienen, sie zu ehren, für sie zu sorgen, sie zu trösten und ihnen das Leben süß und angenehm zu machen."[9]

Wir müssen uns einmal vorstellen, und uns wirklich auf die Erfahrung einlassen, wie wir uns jetzt, heute, in unserem Inneren fühlen würden, wenn wir seit Jahrhunderten gefördert worden wären, wenn wir seit Jahrhunderten zu Selbstachtung und Mut aufgefordert worden wären, wenn jemand ausgebildet worden wäre, um *uns* zu stützen und zu trösten, uns das Leben angenehm zu machen. Denn ich finde das eigentlich ein sehr schönes, humanes Ausbildungsziel - das Schmerzliche daran ist nur seine Einseitigkeit.

Auch heute noch wird unser Mädchen in einer Tradition unterrichtet, die die Erfahrungen, Beiträge und Erkenntnisse der Hälfte der Menschheit außer acht läßt. Wie soll es eine weibliche Identität finden, wenn wir das Leben einer Randgruppe führen?

„Das den Frauen so lange vorenthaltene Recht auf formale Bildung garantierte", so schreiben Sanford und Donovan, „daß im Mittelpunkt jedes Bereiches der akademischen Institutionen die Männer und deren Belange standen. Männer berichteten über ihre

Erfahrungen und nannten das Geschichte; Männer betrachteten die Funktionsweise der Natur und nannten ihre Beobachtungen Naturwissenschaft; Männer stellten sich Fragen über die Existenz Gottes und über das Böse und nannten ihre Mutmaßungen Theologie; Männer erfanden Geschichten, schrieben sie nieder und nannten das Literatur; und Männer dachten über Themen wie Wahrheit, Schönheit, Gerechtigkeit und das Wesen der Existenz nach und nannten ihre Theorien Philosophie.“[10]

Als ich diesen Satz damals Wort für Wort gelesen und verstanden hatte, war ich zutiefst berührt.

„Tränen begleiten die Wahrheit der Frau“, sagt Irene de Castillejo.[11]

Denn die Wahrheit, die dieser Satz enthält, hat natürlich auch tiefe Spuren in meinem eigenen Leben hinterlassen. Schließlich bedeutet er ja, daß der größte Teil von dem, was ich gelernt, gelesen und mir erarbeitet hatte, mich eigentlich außer acht gelassen hatte.

Verfolgen wir nun den Weg unseres Mädchens weiter. Wenn es sich bis jetzt noch gehalten hat, lebhaft war, eigenen Willen und Phantasie hatte und beides auch ausdrücken konnte, spätestens wenn es in die Pubertät kommt, kann es sein, daß es verstummt. Denn oft ist der Weg aus der Kindheit in die Welt der Erwachsenen für Mädchen eine Reise ins Schweigen.

Bis dahin war unser Mädchen trotz allem in einer Weise frei. Jetzt fällt es in unsere engen Bilder von Weiblichkeit und kann oft den Konflikt der inneren Lebendigkeit, Weite und Wildheit mit der Eingeschränktheit der vorgegeben ‚Form' nicht lösen.

Jetzt ist für uns der Zeitpunkt gekommen, zu dem wir unserem Mädchen einen Namen geben müssen, Eva vielleicht, damit wir es aus seiner neutralen Stellung entlassen und eine richtige „Sie" aus ihr machen können.

Je begabter, voller Kraft, Ideen und Phantasie Eva ist, desto schwieriger kann ihr Weg jetzt werden. Vielleicht wird sie hier beginnen, mit einer stummen Sprache zu protestieren. Männer werden diese Wege dann mit den verschiedensten Bezeichnungen als Krankheiten, Syndrome oder sonstige Verrücktheiten pflastern.

Ihr Selbstverständnis wird sich ändern, sie beginnt jetzt, da ihr Körper seine Weiblichkeit zeigt, mit der irrigen Annahme zu leben, sie *wäre* ihr Körper und mit zur Verfügung- und Zurschaustellung dieses Körpers könne sie diese scheinbar einzig wichtige Beziehung eingehen, die alle anderen Arten von Beziehungen an Bedeutung für sie übertrifft - die Beziehung zum Mann.

Und wie auch immer sie diese Beziehung gestalten wird, sie wird auf jeden Fall einen großen Einfluß auf ihre Selbstachtung haben. Wir überlassen ihr das erstmal und sehen weiter.

Eva möchte sich nämlich noch auf einer anderen Ebene als Frau ausdrücken. Sie möchte Mutter werden.

Denn - daß wir ein Kind geboren und großgezogen haben und körperlich eine Frau sind - diese beiden Aspekte sind es, die uns in einer patriarchalen Kultur zur Frau machen.

Alle anderen Wege verlangen von uns immer noch, daß wir sind wie die Männer.

Die vielen Aspekte, die mit Mutterschaft oder Kinderlosigkeit einhergehen, werden sich also auf jeden Fall stark auf Evas Selbstachtung auswirken.

Es beginnt mit Schwangerschaft und Geburt. Beides unterliegt zunehmend medizinischer Kontrolle und die Frau hat sich Stück für Stück des Vertrauens in ihre Selbstwahrnehmung berauben lassen.

Gehen wir einmal davon aus, daß Eva unter einigermaßen menschenwürdigen Bedingungen ihr Kind bekommen hat, daß sie nicht an Mediziner geraten ist, die um ihrer eigenen Absicherung willen alles schon vorsorglich für sie getan haben.

Natürlich wird sich auch Eva mit der unterschwelligen Botschaft unserer männerdominierten Kultur herumschlagen, die lautet: „Ein Baby ist die lohnendste Aufgabe für eine Frau. Aber was wirklich zählt, sind die Aufgaben der Männer.“[12]

Damit wird sie vielleicht noch fertig. Was ihr aber nicht so klar war ist die Tatsache, daß die Verantwortung für ihre Kinder allein bei ihr liegen wird, egal, ob sie einen Mann hat oder nicht. Sie hatte sich ein Baby gewünscht. “Dieses Wesen, das da gezeugt werden soll, ist aber nur ungefähr zwei Jahre ein Ba-

by, anschließend ist es in unserer Gesellschaft weitere fünfzehn bis zwanzig Jahre von der Mutter abhängig. Frauen sagen aber nie: Ich möchte einen Menschen haben, der physisch und emotional, was den Großteil seiner Bedürfnisse angeht, über fünfzehn Jahre von mir abhängig ist. Doch das ist die Realität, die sich hinter dem Wunsch nach einem Baby verbirgt.“[13]

Jetzt habe ich natürlich maßlos übertrieben, als ich meinte, Eva würde mit ihrer Verantwortung ganz alleine gelassen. So stimmt es nämlich nicht - eine Heerschar von Experten wird ihr zur Seite stehen, die alles besser wissen werden.

Die Schriftstellerin Doris Lessing gibt in ihrer Autobiographie ein anschauliches Beispiel, wohin solcher Expertenrat - in dem Fall ein gewisser Doktor Truby King - führen kann: „In meinem Fall, wie meine Mutter mir immer wieder fröhlich erzählte, hat man mich die ersten zehn Monate hungern lassen, da sie, noch entkräftet vom Krieg, keine Milch hatte und mir nach englischer Vorschrift (- das war jener Dr. King - ap) verdünnte Kuhmilch zu trinken gab, obwohl die Milch persischer Kühe nur halb so viele Nährstoffe enthielt wie die Kuhmilch in England. ‚Du hast geschrien und geschrien, Tag und Nacht.‘“[14]

Wichtig und entlarvend ist dabei ja auch, daß diese Ratschläge spätestens alle zehn Jahre andere werden. In den letzten Jahren ging es sogar noch schneller.

Eva ist in eine Zeit geboren, in der vergessen wurde, daß wir das Leben *in* uns entdecken können. In unseren Erfahrungen - und die sind nicht richtig oder falsch. Eva findet statt dessen die Vorstellung vor, Leben müßte von Wissenschaftlern und ihren treuen Gefolgsleuten, Medienganoven und sonstigen Werbegauklern in uns hineingestopft werden.

Ich frage mich, wie es die Menschheit überhaupt schaffen konnte, bis hierher zu kommen, ohne diese ganzen Forschungen. Wie haben die Mütter dieser Forscher es eigentlich geschafft, ihre Kinder großzuziehen ohne die Ratschläge ihrer Söhne?

Wir können jetzt leider Evas Weg wegen der Kürze der Zeit nicht genau weiterverfolgen. Ich glaube aber, daß wir nach dem, was wir bisher gehört haben, ahnen können, welche Erfahrungen sie ihre Selbstachtung betreffend noch gemacht hat oder machen wird.

Wo ist der Ausweg? Wie ist unser Weg, um zu mehr Selbstachtung zu kommen, damit wir mit mehr Mut und Kraft das gemeinschaftliche Leben mit unserer Wertigkeit gestalten?

Bei der Betrachtung der matrizentrischen Kulturen waren wir auf die Große Göttin gestoßen. Sie ist das Symbol einer mächtigen, archaischen Kraft in uns. Sie ist nicht außen, sie ist *in* uns. Die Große

Göttin verkörpert die große, würdige Kraft des Annehmens, das heißt, die Kraft der Vereinigung. Alles, was ist, ist. Sie ist die lebendige Einheit von gebärender Schöpferkraft, Tod und Wiedergeburt.

Wenn es diese Kräfte sind, die mit dem Einbruch der männlichen Vorstellungswelt und dessen Folgeerscheinungen verschwunden waren, dann könnten es ja diese Kräfte sein, die uns wieder zu uns selbst und unserer Achtung zurückführen. Und wenn wir uns und unsere tiefsten Kräfte wieder achten würden, wäre die Welt wieder im Gleichgewicht.

Ich werde versuchen aufzuzeigen, was das für jede einzelne von uns, in unserem heutigen Alltag bedeuten könnte. Angesichts der Größe der Kräfte und der vorgefundenen Situation von uns Frauen kann es natürlich nur ein leises Andeuten sein.

Ich hatte zu Beginn eine Freundin zitiert, die von ihren Schichten, ihren Krusten sprach, mit denen sie funktioniert, aber hinter denen sie Leere empfindet. Wenn wir dieses Bild einmal nehmen und uns vereinfacht vorstellen, in uns gäbe es einen Kern von Leben. Dieser Kern birgt unsere Lebenskraft, ist die Quelle unserer Lebendigkeit. Wenn jetzt über diesem Kern eine Kruste ist, dann hieße das ja, daß unser direkter Zugang zu unseren Lebensimpulsen blokkiert ist. Da ist etwas dazwischen. Ich habe anfangs auch davon gesprochen, welches Bild die meisten Frauen von sich selbst haben. Dieses Bild hat ja sehr viel mit einem ständigen inneren Dialog zu tun: „Das kann ich nicht, was könnten die von mir denken, mach ich das jetzt richtig, bin ich gerade besser oder

schlechter als der oder die andere, darf ich das..." und so weiter. Diesen Dialog übernimmt ganz offensichtlich unser Verstand. Wenn wir uns das jetzt für einen Moment räumlich vorstellen, so ist unten die Lebenskraft, also unsere lebendige Seele, verbunden mit allem Lebendigen, dann kommen die Krusten darüber und oben wacht und nörgelt der Verstand. Wenn wir jetzt genau hinsehen, könne wir wahrnehmen, daß sich der Verstand eigentlich fortwährend mit den Geschehnissen der Krusten beschäftigt. Da hackt er ein. Das könnte ganz gut gehen, wenn da nicht manchmal etwas wäre, was als Störung auftritt. Diese scheinbare Störung ist der Ruf des Lebens, ist die Welt unserer Gefühle, Empfindungen, Träume, Impulse, Intuitionen und unvorhersehbarer Veränderungen. Sie schickt uns das Leben.

Wenn wir die vielfältige Sprache des Gefühls (ich fasse hier unter „Gefühl" einmal die verschiedensten Ebenen in uns kurzerhand zusammen) als Botschaft begreifen, die uns das Lebendige in uns aus unserer Tiefe nach „oben" schickt, dann könnten wir das auch umdrehen und die Sprachen des Gefühls als Lotsen betrachten, die uns zurückgeleiten in den Hafen des Lebens.

Eigentlich ganz einfach, nicht? In einer gewissen Weise ist es so einfach, wenn wir mitten drin stecken ist es natürlich viel komplizierter. Kompliziert für uns, weil wir die Vorstellung haben, der Verstand sei das Höchste - sei doch vernünftig -, das Leben aber in Wirklichkeit viel größer ist. Und das heißt, wenn wir die Botschaften des Lebens nicht ernst nehmen, nicht achten, dann wird es im wahrsten und weitesten Sinne mit Gewalt auf sich aufmerksam machen. Im

persönlichen Bereich kann das Krankheit, Depression, Krise heißen, auf einer gesellschaftlichen Ebene hören wir ja täglich in den Nachrichten davon.

Und wenn wir erst einmal auf dieser größeren, gesellschaftlichen Ebene genau hinsehen, werden wir feststellen, daß die Handlungen und Entscheidungen, die vordergründig rational getroffen werden, in Wirklichkeit Handlungen sind, deren Motive Gefühle sind, Gier, Neid, Machtstreben zum Beispiel. Es ist eine Illusion zu meinen, der Intellekt könne getrennt vom Leben und seinen Bedürfnissen agieren! Wir sehen, was geschieht, es ist eine schier unübersehbare Zerstörung, die das hervorbringt.

Aber vielleicht ist ja diese Zerstörung die Kraft des Lebens, die um ihre Wiedergeburt ringt?

Somit schlösse sich der Kreis und wir sind wieder angelangt bei der Großen Göttin, dem Sinnbild der tiefen - mit dem Weiblichen verbundenen - Lebensenergie.

Was geschähe, wenn wir es umdrehen? Wenn wir uns der Bedeutung dessen wieder bewußt werden? Wenn wir verstehen, daß es gerade das Weibliche ist, was fehlt?

Betrachten wir einmal die drängenden Probleme unserer Zeit und stellen daneben etwas von dem, was uns Frauen negativ und abwertend zugeschrieben wird. Verstehen Sie mich nicht falsch - ich sage

nicht, wir sollen in unserer Beschränkung bleiben und nur das, was wir tun, ein bißchen aufwerten.

O nein! Es geht um die Bedeutung dessen, was wir tun und was das Weibliche ist, denn die Mißachtung all dessen hatte verheerende Folgen für uns alle.

Entfremdung braucht die Fähigkeit zur Beziehung, die voranschreitende Technik braucht den menschlichen Blick für ihre Folgen, das Herrschen aus Machtbedürfnis braucht die Frage, „Was dient den Menschen?", das „Durchziehen um jeden Preis" braucht das Einbeziehen der lebendigen Phasen im Leben des einzelnen, die Wucht und das Tempo unseres modernen Lebens verlangt nach seiner anderen Seite, dem Stillen, Einfachen und vor allem nach dem Zauber, nach einer Wohnstatt für die Fee. Das Veräußerlichte braucht das Innerliche, das Profane das Heilige. Der Hochmut der Vorstellung, wir als Menschen wären perfekt und könnten alles machen, braucht das menschliche Maß der Demut...

Der Verstand allein, ohne den erlebten Bezug zu den zyklischen Lebensprozessen, ist nichts. Er beraubt sich vollkommen seines Glanzes angesichts dessen, was er so erschafft.

Mit der Abwertung des Weiblichen sind natürlich auch seine Symbole beschädigt. Und Sie sehen, es wächst immer weniger, nicht nur in der äußeren Natur. Auf vielen Ebenen. Auch in den Körpern der

Menschen. Die Unfruchtbarkeit, vor allem bei Männern, nimmt rapide zu. Die Göttin ist tief gekränkt.

Wie das Wachsen der Selbstachtung in Ihnen aussieht, wissen Sie selbst am besten. Die genaueste Kenntnis davon ruht in Ihnen. Unter den Krusten.

Und trotzdem versuche ich, auf einer allgemeinen Ebene etwas von diesem Wachstumsprozeß anzudeuten.

Beginnen Sie leise und sanft. Niemand muß es sehen, es kann sich ganz still in Ihnen abspielen. Vielleicht stellen Sie sich einmal am Tag vor, jemand steht neben Ihnen und blickt still-akzeptierend auf Sie. Ein Lächeln in Güte begleitet Ihre Handlungen, Zweifel und Ängste.

Es geht nicht darum, daß Sie etwas anders machen oder gar, daß Sie etwas leisten. Es geht nicht um Handlung, es geht um einen inneren Vorgang der Achtsamkeit, der Sie später einmal zur Handlung führt. Schenken Sie Ihren Bedürfnissen, Erlebnisweisen und Wahrnehmungen Aufmerksamkeit. Eine stille Konzentration. Hinwendung. Leise und sanft. Das Handeln wird dann aus der daraus entstehenden Kraft von alleine kommen, zum rechten Zeitpunkt. Sie werden dann wissen, was zu tun ist. Sie müssen sich dazu nicht anstrengen.

Also leise und sanft schenken Sie Ihren Gefühlen, dem, was und wie Sie etwas wahrnehmen, Aufmerksamkeit. Erkennen geht nur in Liebe. Und Achtung ist ein Aspekt der Liebe.

Oft erzählen mir Frauen, sie würden in Auseinandersetzungen mit ihren Männern versuchen, ihre Gefühle zu begründen. Das ist absoluter Unsinn. Gefühle braucht und kann man nicht begründen, sie haben ihre Existenzberechtigung in sich selbst. Sie führen uns zu unseren individuellen, in der Situation bedingten Bedürfnissen. Und die sind bei jedem Menschen sehr verschieden. Loben wir doch die Verschiedenheit!

Ich habe vorhin die Gefühle als Lotsen bezeichnet. Sie weisen uns auf etwas hin. Hinter dem Gefühl liegt die Botschaft des Lebens. Also wenn ich traurig bin, dann weist mich das auf etwas hin.

Wenn ich diesem Gefühl nicht auf den Grund gehe, es nicht ernst nehme,, „ach, das ist nicht so wichtig, jetzt reiß dich zusammen, du mußt noch dies und jenes, sei doch vernünftig, ist mir das peinlich, das könnte ja wehtun, vielleicht reicht ja ein bißchen jammern“ dann wird erst einmal die Traurigkeit heftiger. Wenn wir sie dann immer noch nicht beachten, versucht sie den Eingang über unsere Träume zu finden. Wenn wir sie dann immer noch nicht beachten, werden wir depressiv, krank, süchtig oder bekommen Angstzustände. Sie wird sich immer weiter Wege bahnen, um uns auf sie hinzuweisen, denn ihre Botschaft ist wichtig für unser Wachstum. Und Wachstum ist die natürliche Bewegung des Lebens.

Unsere Wut zum Beispiel weist uns darauf hin, daß wir uns in unserem Raum, in unserer Ausdehnung, in unserer Schöpferkraft beschränken oder beschränken lassen. Die Wut ist ein sehr wichtiger, lebenserhaltender, kreativer Hinweis. Aber gerade bei ihr ist so offensichtlich, was geschieht, wenn wir

sie nicht ernst nehmen, dann kippt dieser lebenserhaltende Prozeß um, wird zerstörerisch und richtet sich gegen uns selbst oder andere.

Das Schlimmste, was passieren kann, wenn Sie anfangen, sich ernst zu nehmen, ist, daß das, was Sie in sich wahrnehmen anders ist als Ihre Vorstellung von Ihnen, wie Sie sein sollten, anders als das Bild, das sich andere von Ihnen machen. Zugegeben, das ist manchmal ziemlich überraschend. Aber befreiend.

Denn wenn mit mangelnder Selbstachtung das Problem einhergeht, daß wir versuchen, so zu sein, wie es andere von uns erwarten oder wie das gerade gängige Frauenbild ist, - dann *muß* zur Entwicklung der Selbstachtung das zum Maßstab werden, was ich selber bin und selber will. Anders geht es nicht.

Wenn Sie also bisher den Ratschlägen Ihrer Mutter und den stillen Erwartungen Ihres Ehemanns oder sonstiger Männer gefolgt sind und sich adrett entwickelt haben, Sie aber in sich die wilde Energie einer Polarforscherin spüren, dann müssen Sie sich in irgendeiner Weise darauf beziehen, müssen es ernst nehmen, sonst gehen Sie elendiglich zugrunde.

Das hat nichts mit Anstrengung und Leistung zu tun. Im Gegenteil. Es wird zwar einige Unruhe stiften und zur Verwirrung beitragen, wenn Sie in ihrem Garten plötzlich riesige Eisbären aus Gipsblöcken sägen, Sie werden vielleicht nicht mehr so berechenbar sein für andere, aber es wird das sein, was Sie schon immer in Ihrem Leben wollten, wonach Sie sich schon immer und ewig gesehnt haben.

„Indem man seiner Freude folgt, bringt man sich gewissermaßen auf eine Spur, die immer schon da war und auf einen wartete, und das Leben, das man führen sollte, ist genau das Leben, das man führt. Wo man auch ist - wenn man seiner Freude folgt, wird einem diese Erfrischung zuteil, dieses Leben in einem, unablässig“, sagt Joseph Campbell.[15]

Suchen Sie die Gemeinschaft mit anderen Frauen, die auch nach sich selbst suchen. Wir brauchen im Moment noch geschützte Räume für unser Wachstum. Versuchen Sie, sich einen Raum oder eine Ecke Ihrer Wohnung für sich zu gestalten. Dieser Raum darf nur mit Ihrer Erlaubnis betreten werden. Wir brauchen das für unsere Heilung. Und Heilung hat etwas mit heilig zu tun. Schaffen Sie sich etwas in Ihrem Zuhause, was Ihr inneres Heiligtum, den Kern Ihres Wesens symbolisiert und Sie daran erinnert, täglich, daß Sie ein von jeder-mann zu würdigender Mensch sind.

Wer zu Ihnen sagt, ich liebe dich, sich aber nicht bemüht, Sie zu achten, glauben Sie ihm nicht.

Wenn Sie zu jemandem sagen, ich liebe dich, aber keinen Respekt vor dem anderen haben, dann bezeichnen Sie es nicht als Liebe. Seien Sie ehrlicher und sagen Sie, ich brauche dich und nehmen Sie sich damit an. Das macht es einfacher. Es ist ja schließlich ganz o.k., sich zu brauchen. Wir alle brauchen andere Menschen.

Versuchen Sie in leisen, sanften Schritten, auch das an sich anzunehmen, was Ihnen zutiefst unangenehm ist.

Ich vermute, spätestens jetzt fragen Sie sich sicherlich, was das eigentlich soll mit dieser ganzen Annehmerei, wie soll sich da was verändern. Wundern Sie sich ruhig. Sie werden es erleben, vielleicht nicht sofort, es beginnt langsam, leise und still.

Denn jeder Akt des Sich-Annehmens bedeutet, daß wir uns nicht mehr mit der Kruste aufhalten, sondern einen Moment lang stillhalten. „Ja, so ist es. Ja, so bin ich."

Und in diesem Moment des achtsamen Innehaltens kann etwas der darunterliegenden Lebenskraft in unser bewußtes Erleben strömen. So werden Sie kräftiger.

Und jeder Moment dieses Strömens weicht etwas von der Kruste auf, und das führt ganz von alleine zur Verwandlung.

Ich sage nicht, daß das immer angenehm ist, das kann schon heftig und schmerzhaft sein, verwirrend manchmal, aber intensiv. Es ist lebendig.

Dann wächst eine Kraft in Ihnen, langsam und stetig und fest verwurzelt. Selbstachtung beginnt da, wo wir uns befinden und nicht erst, wenn wir etwas Bestimmtes erreicht haben.

Ich schrieb einmal in einem sehr ernsten Moment in einem Brief an einen alten Freund, der mich schon seit über dreißig Jahren kennt:

Ich habe eigentlich genug Zeit im Leben vertan, indem ich mich unfähig und wertlos gefühlt habe. Ich wachse in ETWAS hinein, das zutiefst ich bin. Es verlangt Mut, dieses Wachsen, großen Mut. Weil nichts mehr bleibt wie es war. Die Trennung des Wichtigen vom Unwichtigen wird scharf. Die Konsequenz ist kompromißlos. Welche Vergeudung, nach den Maßstäben anderer zu leben, welche Vergeudung. Die Schulung, lieb und brav zu sein, leer, ohne Eigenes, nützlich, ausgerichtet an den Bedürfnissen anderer - ist brutal. Nach dreitausendjähriger Übung laß ich es jetzt sein.

Wenn wir uns Beachtung schenken, uns in Achtsamkeit erkennen, öffnen sich in uns die Räume der Ideale und Visionen, das sind keine Domänen der Männer.

Wir sind Heldinnen, haben ein Verlangen nach Kühnheit in uns, nach Freiheit und Wirksamkeit, wir sind in der Lage, Grenzen zu überschreiten und neue Räume zu erschaffen. Wir tragen in uns das Geheimnis des Lebens. In uns ist das Große, das den Menschen ausmacht, sind alle menschlichen Möglichkeiten angelegt.

In uns stellen sich die großen Fragen des „Wer bin ich“, „Was ist der Sinn des Lebens“, „Wohin gebe ich die Schöpferkraft“.

Vielleicht ist unsere Art, das auszudrücken, eine andere. Nun gut. Sehr gut. Es ist das Lob der Vielfältigkeit. Wir als Trägerinnen des Weiblichen drükken es auf *unsere* Art aus.

Vielleicht wollen Sie jetzt zum Schluß noch wissen, wie es Eva geht. Es geht ihr gut. Sie ist jetzt dick und rund und weiblich. Sie sitzt mitten unter uns, wischt sich die Tränen aus dem Gesicht und hält sich den Bauch vor Lachen und ist ungemein freundlich - zu sich *und* den anderen.

Gab's uns denn schon?

Über die Anfänge unserer Geschichte

Ich weiß nicht, wie es Ihnen als Schülerin im Geschichtsunterricht ergangen ist. Ob es Sie interessiert hat, wie blutige Schlachten und große Machthaber aneinandergereiht wurden, verbunden mit abstrakten Zahlen und politischen Manifesten.

Ich kann nur von mir sagen, daß ich mich im großen und ganzen ziemlich gelangweilt habe, daß ich über eine Vier selten hinausgekommen bin und mich natürlich dementsprechend als Versagerin gefühlt hatte.

Heute weiß ich, daß es kein Versagen war, sondern ein geglückter Widerstand gegen mein Nichtvorkommen. Es gab mich ja nicht. Ich als Frau komme im Bild unserer Geschichte nicht vor, weder mit meiner Geschichte, noch mit meiner Weise, die Welt zu erleben. Natürlich hatte auch ich als Kind das Bedürfnis, einst eine Heldin zu werden in meinem Leben, aber ich fand keine Vorbilder für mich, außer, ich wäre ein Mann, aber das war ich ja nicht. Und damit saß ich in der Falle.

Eine Möglichkeit der Hilfe, um aus diesem Schlamassel herauszukommen - und ich meine mit

dem Schlamassel nicht meine schlechte Note, sondern ein tief in uns wirkendes Gefühl von Minderwertigkeit - also eine Möglichkeit der Hilfe ist die Beschäftigung mit unserer Geschichte. Der Geschichte von uns Frauen. Und dabei geht es nicht nur um uns als konkrete Frauen, sondern vor allem um die Geschichte des Weiblichen, der „anderen Seite" des Menschen - ob diese andere Seite nun in einer Frau oder in einem Mann ist. Aber da wir Frauen sind, betrifft es uns natürlich in besonderem Maß.

Es gibt viele verschiedene Arten, auf das Leben unserer Vorfahrinnen zu schauen. Eine wäre, das zu erwähnen, worin wir uns auf „Männerart" verdient gemacht haben. Davon ist nämlich unglaublich viel verloren gegangen, einfach weil es von Frauen war oder Männern zugeschrieben wurde.

Eine andere Art wäre, das hervorzuheben, wo Frauen auf Frauenart gewirkt haben, und das doppelt in Vergessenheit geraten ist, weil es weibliche Werte ausdrückte. Wieder eine andere wäre, genau darzustellen, wie Frauen daran mitgewirkt haben, daß eine Gesellschaftsordnung herrscht, in der nur eine Gruppe der Menschheit den größten Teil aller Machtbefugnisse und deren Auswüchse in Händen hält. Ich finde alle drei - und es gibt noch einige mehr - sehr spannend. Die letzte der drei, also wie wir selbst an der Entstehung mitgewirkt haben, hat für mich noch eine besondere Dynamik, weil wir in dieser Art der Betrachtung keine Opfer sind. Aber da wir uns heute mit den Anfängen unserer Geschichte beschäftigen, spielt dieser Aspekt noch keine Rolle, weil wir in jener bunten Vorzeit noch frei waren.

Ich möchte jetzt an dieser Stelle auch noch ganz kurz über meinen Arbeitsstil sprechen. Ich bin ja keine Wissenschaftlerin, also ich sitze nicht in einer Universität über meinen Büchern und zwischen den Stühlen. Aber ich kann natürlich lesen. Und dabei entdecke ich, daß die einen das beweisen und die anderen jenes. Das heißt, wir wissen es sowieso nicht wirklich. Also nehme ich das Material und spiele damit.

Auf jeden Fall habe ich die Erkenntnisse auf einer Ebene der Erfahrung tief in mir. Denn ich bin eine Frau und bin damit angeschlossen an die Geschichte der Frau seit Frauengedenken. Sie wirkt in mir.

Ich nehme also das Material der Wissenschaftlerinnen oder der Wissenschaftler und verbinde es mit meiner eigenen Erfahrung. Das ist zwar ein manchmal etwas vager, unsicherer, dämmriger Vorgang, aber genau um diesen geht es. So entsteht etwas Neues. Und genau das ist meine Aufgabe als Frau, etwas Neues entstehen zu lassen, etwas Theoretisches mit dem gelebten Leben zu verbinden, mich ins Dunkle zu begeben, damit es ans Licht kommen kann. Dafür sind wir heute zusammen.

Jetzt muß ich noch eine theoretische Überlegung anstellen, bevor wir uns in‘s Dunkel unserer Frühzeit begeben.

Ich spreche ja heute von den Anfängen unserer Geschichte. Und am Anfang war das Wort. Und damit beginnen auch schon unsere Schwierigkeiten. Das Problem ist, daß die Tradition der Geschichtswissenschaften zu einer Zeit begann, als sich bereits ein männerdominiertes Gesellschaftssystem etabliert

hatte. Das heißt, unser gesamtes Wissen über Geschichte ist gleichsam durch einen männlichen Filter geraten. So fehlen uns für unsere eigene Geschichte im wahrsten Sinne des Wortes noch die Worte.

Zum Beispiel ist die wissenschaftliche Bezeichnung für den Menschen „Homo“ und das bedeutet Mensch oder Mann. Das heißt, bereits im Sprachgebrauch sind wir ausgeschlossen. Und das über Jahrtausende. Es waren Männer, die von ihrem Standort aus auf die Entwicklung der Menschheit geschaut haben, und die Menschheit waren die Männer. Frauen erschienen - je nach der Zeit, in der die Forschung stattgefunden hat, nur am Rande, als Anhängsel, als Untertan - wie auch immer. Wenn ich jetzt also von der Frühzeit der Menschheitsgeschichte spreche, mit den Worten, die mir zur Verfügung stehen, tauchen natürlich die dazugehörigen Assoziationen auf. ‚Frühzeit‘, ach, das waren die Jäger. Ja, die Männer haben gejagt und damit das Leben erhalten. Das ist es, was wir gelernt haben und was in den meisten Geschichtsbüchern und Comics zu finden ist. Das sind die Bilder, die an diesem Wort hängen.

Die zweite Schwierigkeit mit den Worten betrifft die neuere Geschichtsforschung, die jetzt von Frauen (und in den USA selbstverständlich auch von Männern) betrieben wird. Es fehlen ihnen die Worte, um das zu sagen, was sie meinen oder sehen. Auch hierzu wieder ein Beispiel. Eine Forscherin möchte über eine ‚gleichberechtigte‘ Kultur der Frühzeit schreiben. Die Schwierigkeit besteht nun darin, daß wir natürlich wieder Assoziationen zu ‚gleichberechtigt‘ haben. Das heißt im Moment, daß Frauen so werden wie Männer. Also - wir ergreifen Berufe wie die

Männer, wir sind so intelligent wie die Männer, wir können überhaupt alles so wie die Männer. Das sind ungefähr die Inhalte, mit denen das Wort „Gleichberechtigung“ im Moment gefüllt ist. Nur - das ist es nicht, worüber die Forscherin schreiben will. Sie meint nämlich etwas vollkommen anderes. Sie meint zum Beispiel, daß die männlichen und weiblichen Werte in einer nicht-hierarchischen Gesellschaft nebeneinander stehend gültig sind. Dafür gibt es kein Wort. Also bildet sie eines. Zum Beispiel „gylanisch“. Nur - das versteht wieder keine, außer sie beschäftigt sich sehr genau mit der Materie.

Sie sehen schon, wir befinden uns in einer äußerst spannenden Übergangsphase, die mit reichlich Stoff für Verwirrung sorgt. Wir lassen uns davon jetzt nicht abhalten und gehen weiter. Ich werde einfach versuchen, Wörter zu finden, für das, was ich sagen will. Mehr kann ich im Moment nicht tun.

Also gehen wir zu den Anfängen.

Da kommen wir jetzt leider um einige Zahlen und Fakten nicht herum, und ich weiß, daß kann manchmal sehr anstrengend sein. Ich werde aber versuchen, Sie nicht allzusehr zu strapazieren.

Wie geht es Ihnen, wenn Sie sich Zeiträume von 5 Millionen Jahren vorstellen? Also mir bereitet es ziemliche Schwierigkeiten. Aber wir können‘s ja trotzdem mal versuchen. Es war nämlich vor 5 Millionen Jahren, als die warmen Regionen Afrikas zur Wiege der Menschheit wurden. Und wir Frauen lagen auch in dieser Wiege.

„Von dort stammen die frühesten vormenschlichen Knochenfunde. Etwa 3 Millionen Jahre alt ist

das gut erhaltene Skelett einer Vorfahrin, die unter dem Namen Lucy weltberühmt wurde.“[16]

Das erste erhaltene Skelett eines Menschen ist von einer Frau! Ist doch schön, oder? Also - gegeben hat‘s uns schon.

Dann begannen wir, uns ganz aufzurichten. Das war vor eineinhalb Millionen Jahren immer noch in Afrika. Genannt haben die Gelehrten diesen Menschen den ‚Homo erectus‘ - ein bißchen schmunzeln muß ich ja schon bei dieser ‚wissenschaftlichen‘ Bezeichnung...

Vor 600 000 Jahren dann breiteten sich unsere Vorfahrinnen nach Asien und Europa aus. Wir kommen uns schon näher. Die Besiedelung der kälteren Gegenden war durch den Gebrauch des Feuers möglich geworden. Und Frauen waren von Anfang an die Hüterinnen des Feuers.

Und schon sind wir in einer Zeit gelandet, in der die gängige Geschichtswissenschaft die Jagdtheorie ansiedelt.

„Demnach hätten die Männer durch die Entwicklung der Jagdtechniken den Menschwerdungsprozeß geprägt, die Grundlagen für kommunikatives Handeln geschaffen und dadurch seit dieser frühen Phase die dominante Rolle übernommen. Eine weniger auf den Mann orientierte Wissenschaftsauffassung sieht jedoch im Teilen der Nahrung, und zwar zunächst der pflanzlichen Nahrung, das wesentliche Merkmal, das Menschen von Tieren unterscheidet.“[17]

Das Teilen der Nahrung... Unsere Vorfahrinnen haben nämlich im Gegensatz zu den Tieren mehr gesammelt, als sie selbst brauchten und dann die Nahrung ins gemeinsame Lager gebracht. Dazu mußten sie Behältnisse zum Transport erfinden, Tragschlingen für die Kinder und Steine und Stöcke zum Graben und Zerkleinern. Es waren Frauen, die damit begannen, andere mit Nahrung zu versorgen, und dabei wurden die Kenntnisse darüber weitervermittelt in einer frühen Sprache - und das sind die Grundformen sozialer Kommunikation.

„Erst nachdem diese Grundbedingungen gegeben waren, konnte organisierte Großwildjagd entstehen.“[18] Denn sie waren gleichsam der Ort, von dem aus die Menschen auf die Jagd gehen konnten.

Diese Frauen aus jener Zeit haben uns noch etwas hinterlassen: Aus einer Zeit um etwa 400 000 bis 300 000 vor Christus hat man in den am längsten besiedelten Teilen im Gebiet des heutigen Europa runde Kugeln aus Lehm gefunden. Es waren die ersten gestalteten Formen.

Diese runden Formen sind für uns sehr wichtig, wir werden ihnen später wieder begegnen.

Vor etwa 150 000 Jahren dann erschienen in Europa, Asien und Afrika die Neandertalerinnen. Sie haben ihre Toten schon rituell bestattet, und zwar in unmittelbarer Nähe zu den Lebenden - oft direkt unter der Feuerstelle - in Ost-West-Richtung, das heißt, sie hatten schon den Lauf der Gestirne bewußt beobachtet.

Sie zeigten ihre Verbundenheit „mit den Verstorbenen über den Tod hinaus. So betten sie sie in

den Schoß der Erde, wie zur Vorbereitung auf die Wiedergeburt. Sie legen sie in Hockerstellung, mit angezogenen Beinen. Oft liegt eine Hand auf der Brust, die andere am Kopf, ähnlich einer Schlafhaltung, bzw. der Lage des noch ungeborenen Menschen im Mutterleib. Oftmals färben die Neandertalerinnen ihre Toten mit rotem Ocker, dem Symbol des lebenspendenden Mutterblutes,"[19] oder des Menstruationsblutes, „das ja während der Schwangerschaft nicht fließt und als Nahrung für das entstehende Leben dient."[20]

Das Fleisch der gejagten Tiere hat etwa nur ein Drittel der Nahrung ausgemacht, der Rest waren „Früchte, Nüsse, Beeren, Pflanzen, Körner, Pilze und Wurzeln. Auch Vogeleier, Schnecken, Muscheln und anderes Kleingetier."[21]

Davon bleiben keine Reste, aber vom Großwild. Von ihm sind Berge von Knochen übriggeblieben, und die sind sichtbar.

Die Neandertalerinnen errichten sich auch feste Wohnplätze, alle ihre neuen Techniken kommen ihnen dabei zugute. Sie sind zwar noch nicht seßhaft, verweilen aber schon über einen längeren Zeitraum an einem Ort, was eine gute Voraussetzung für die Entwicklung von Gemeinschaftsleben und sozialer Struktur ist. Die Frauen „geben die handwerklichen Fähigkeiten, die Kenntnisse von den Abläufen in der Natur und die religiösen Vorstellungen an die Heranwachsenden weiter."[22]

Vermutlich praktizierten sie Geburtenkontrolle, entweder über Abtreibungspflanzen, lange Stillzeiten oder Sexualtabus. „Sie regeln ihre Nachkommenschaft so, daß der Fortbestand der Sippe gewährlei-

stet wird, ohne daß deren Existenzgrundlagen durch zu viele Nachkommen gefährdet werden."[23]

Sie waren also um einiges weiter, als wir es heute sind.

Die Zeit der Neandertalerinnen geht von circa 200 000 bis 40 000 vor Christus, da taucht dann die heute lebende Menschenform auf, der Homo sapiens sapiens. (Dem Namen müssen wir erst noch gerecht werden...)

„Im Lauf der kommenden 20 000 Jahre besiedeln unsere Ahninnen allmählich alle Teile der Erde. Die wichtigsten Zentren ihrer Entwicklung liegen im heutigen Europa."[24]

Diese Menschen waren die ersten, die figürliche Kunst geschaffen haben. So tauchen ab ca. 30 000 v.C. die Funde von zahlreichen Frauenstatuetten auf. Diese Frauendarstellungen sind für unsere Geschichte von großer Bedeutung.

Wir müssen das wissen und es uns klarmachen - das erste, was überhaupt in der Kunst dargestellt wurde, waren wir. „Bis heute sind mehr als 500 Frauenstatuetten aus jener Zeit bekannt. (Später sind noch sehr viele mehr dazugekommen. Wir werden noch davon hören. ap) Das Fundgebiet erstreckt sich von den Pyrenäen bis Sibirien. Abbilder von Männern fehlen weitgehend in den ersten 10 000 Jahren der beginnenden Kunst."[25]

Unsere Vorfahrinnen modellierten sie oder gravierten sie in Felswände ein. „Sie formen die Frauenkörper voluminös, mit vollen, hängenden Brüsten, stark gewölbten Bäuchen, mächtigen Gesäßen und

Oberschenkeln. Die Vulven heben sie besonders hervor."[26]

Da sind sie wieder, diese runden Formen, denen wir schon 300 000 Jahren früher begegnet sind.

Die Archäologen „interpretieren ihre Funde, dem jeweiligen Zeitgeist entsprechend, entweder als Fruchtbarkeitssymbole oder als erotische Objekte. So wurden diese Zeugnisse eiszeitlicher Kulturen allgemein unter der irreführenden Bezeichnung ‚Venus' bekannt."[27]

Die Figuren sind fast alle sehr klein. Aber es war ein so langer Zeitraum, in dem fast ausschließlich Frauen dargestellt werden - wußten Sie das? Diese Tatsache muß doch eine wichtige Bedeutung haben, oder?

Um diese Bedeutung zu verstehen, laden wir uns eine Forscherin ein. Marie König ist die erste Archäologin, die vor 30, 40 Jahren in die Männerdomäne Urgeschichte eingedrungen ist. Im Männerbild der Urgeschichte handelte es sich ja um denkunfähige Menschen, Tieren gleich, die am Anfang unserer Geschichte standen. „Marie König dagegen deckt eine mindestens 500 000 bis 1 Mio. Jahre alte Entwicklungsgeschichte menschlicher Kulturen auf. Mit ihren Ergebnissen schreibt sie, ohne es gewollt zu haben, die erste Frauen-Kultur-Geschichte."[28]

Sie ist die erste, die erkennt, daß diese Frauenfiguren nicht Abbild der damaligen Frauen sind, sondern einen tief symbolischen Gehalt haben.

Frau König erkennt, daß die aus kugeligen Elementen aufgebauten Frauenstatuetten „die Rundung der Welt mit dem Nabel als Mittelpunkt und der Vulva als Symbol für die Wiedergeburt darstellen.

Häufig ist der Kopf der Frauengestalten mit einem Netzmuster überzogen, dem Ausdruck für räumliche Ordnung. Demnach steht das Frauenbild für ein frühes Weltbild, für das Wissen um räumliche Orientierung und für den zyklischen Prozeß des Lebens.“[29]

Wir können davon ausgehen, daß die schöpferischen Leistungen unserer Vorfahrinnen die Grundlage bildeten für jede weitere kulturelle Entwicklung.

Da aber alle früheren Forscher gefangen waren in ihren eigenen engen Bildern von Weiblichkeit, von Frauen, war es ihnen nicht möglich, den Symbolgehalt der Figuren zu sehen. Die Interpretation als Fruchtbarkeitsidole entspricht dem Denken von Männern, die ein bestimmtes Bild von Frau in sich tragen: eine Frau garantiert den Fortbestand unserer Art. Dazu ist sie da. Das Ding ist nur, daß die eiszeitlichen Frauengestalten nie mit Kind erscheinen.

Es war jenen Forschern einfach unmöglich, Frauen in einer transzendenten Symbolik zu sehen - denn Frauen waren in der Welt jener Wissenschaftler ja für etwas anderes da.

Umso wichtiger ist es jetzt für uns, diese Symbolik wieder zu verstehen und zu begreifen.

Vor einigen Jahren erzählte mir eine Religionslehrerin meines Sohnes, daß sie jetzt eine Generation von Kindern zu unterrichten hätte, die nicht mehr in der Lage wäre, eine Geschichte aus der Bibel als ein Gleichnis zu verstehen. Das heißt, bei uns ist schon ein Großteil der 9 oder 10 jährigen Kinder so in einer zweidimensionalen, d. h. materiellen Welt gefangen, daß sie nicht mehr symbolisch erfassen können. Da

ist also etwas gesamtkulturell geschehen, was mit uns Frauen schon seit einigen Jahrtausenden passiert ist. Am deutlichsten wird das in der Werbung, die ja immer einen ganz guten Spiegel des Zeitgeistes darstellt und viel mit Symbolen arbeitet. So werden seit einigen Jahren immer mehr unsere religiösen, spirituellen Symbole auf eine materielle Ebene gebracht. Ein unglaublich anschauliches, weil so schamloses Beispiel dafür fand ich vor einiger Zeit in jener Milka-Reklame, in der in blühender Bergwelt das unschuldige Mädchen zur weisen Großmutter kommt und fragt, warum die Schokolade so gut sei, und die weise Alte antwortet, also mein Kind, es sind nicht nur die gute Milch und die braven Kühe, es ist auch die Nähe zum Himmel hier oben. Das heißt, ich kann jetzt kosmische, religiöse, spirituelle Erfahrung durch Essen von Schokolade kaufen.

Aber noch eine Botschaft gibt uns diese Reklame, nämlich die, daß es Frauen sind, die uns den Zugang zum Himmel schaffen. Es sind die Archetypen des unschuldigen Mädchens und der weisen Alten (irgendwo ist auch noch die Kuh, damit die Dreiheit vollständig ist). Da hat sich etwas erhalten, durch Jahrtausende, hat die Zeit des Sklavinnentums, der Unterdrückung, der Nutzbarmachung und Hexenverbrennung überstanden, wie ein unterschwelliger Strom durch die Jahrtausende - die Frau als diejenige, die uns mit dem Kosmos verbindet. Und damit sind wir wieder bei jener Symbolik der frühen Frauenstatuetten.

Marie König war also hier in Europa die erste, die damit begann, diese Figuren anders zu betrachten. Erst vor einigen Jahrzehnten, wohlgemerkt. Sie

stellte also fest, daß die Frauen mit ihren frühen Kunstwerken nicht Abbilder ihrer selbst formten. Die Frauen waren keineswegs alle dick in jener Zeit. Sondern sie waren Symbole. Einige davon versuchen wir jetzt einmal zu erfassen.

Zum Beispiel: „Der gerundete Frauenleib, in dem neues Leben entsteht, mit dem vertieften Nabel in der Mitte, gleicht dem kugelförmigen Kosmos, in dessen Zentrum der urgeschichtliche Mensch sich selbst sieht.“[30] Er symbolisiert die Verknüpfung von lebenspendendem Schoß und lebenerhaltendem Kosmos. Also der Bauch und der Himmel waren eins. In stilisierter Form begleitet dieses Symbol die Menschheitsgeschichte als Kreis mit Punkt in der Mitte, als Spirale oder auch als Labyrinth. Die Griechen nehmen dieses Symbol später mit dem Wort ‚omphalos‘ - ‚Nabel der Welt‘ auf.

„Zum Sinnbild des Kosmos werden auch die vollen, runden Brüste, die Nahrung und Wohlgefühl geben können sowie die ausgeprägten Rundungen von Oberschenkeln und Gesäßen. Die Vulva, die Öffnung des weiblichen Schoßes, aus der das Leben kommt, wird zum Symbol für das Tor zum Leben.“[31] Sie ist als Oval oder als Dreieck und den sich daraus ergebenden Formen dargestellt.

Dann gibt es zum Beispiel noch die Stierhörner, die den Mondsicheln gleichen, weshalb sie auch als Mondhörner bezeichnet werden. Sie sind ebenfalls das Symbol des sich immer wieder erneuernden Lebens. Der Stierkopf gleicht ja mit seinen Hörnern dem Uterus und den Eileitern.

In der Dreiheit von Figuren und Elementen symbolisieren die Eiszeitfrauen die fortwährende Abfol-

ge von Leben, Tod und Wiedergeburt. Wir alle kennen noch die Dreiheit aus unserer christlichen Kultur. Und ich wohne in einer Gegend, in der wir noch eine sichtbare Erinnerung an die weiblichen Wurzeln dieser Symbolik haben - in der Kirche von Urschalling am Chiemsee gibt es eine Trinitätsdarstellung mit immerhin noch einer Frau - der Sophia.

Ein weiteres Tiersymbol - neben dem Stier - tritt in dieser Zeit auch noch in Verbindung mit Frauen auf. Es ist der Vogel oder sind Frauen mit Vogelköpfen. „Für die frühen Menschen bildet der Vogelkopf das Verbindungsglied zwischen Frau und Gestirnen; wie ein Vogel, der zum Himmel fliegen kann, so kann die Seele der Frau die Laufbahn der Gestirne erreichen und hat so Anteil an deren überirdischen Kräften.“[32]

Auch wir kennen noch den Vogel als Symbol. Zum Beispiel als Symbol des Friedens. Oder in unseren Träumen als Bild für die Seele.

Nach diesem Ausflug in die Symbolik gehen wir zurück in die Chronologie. Wir haben uns von den ersten Anfängen schon vorgearbeitet in eine Zeit zwischen 30 000 und 20 000 Jahren vor unserer Zeitrechnung. Ich würde sagen, unabhängig davon, wie‘s jetzt weitergeht, gewinne ich irgendwie den Eindruck, daß es uns doch schon gegeben haben muß. Der einzige Haken ist, daß wir uns immer noch in einer Zeit bewegen, die eigentlich noch gar nicht als Menschheitsgeschichte bezeichnet wird. Die beginnt ja erst, wenn wir im Untergrund verschwinden. Aber noch sind wir da.

In diese Zeit also, in der jene Figurinen aufgetaucht sind, fällt auch die Entwicklung der ersten Kalender. Das erste bekannte Beispiel ist eine Platte aus Rentiergeweih, auf die die Bilder des sich jede Nacht verändernden Mondes eingraviert sind. Sie waren wahrscheinlich Menstruationskalender.

Wenn ich mir vorstelle, wie die Frauen damals den Lauf der Gestirne beobachteten und erfahren haben und ihnen bewußt wurde, wie sie dieselben Rhythmen in ihrem Körper haben - diese Erfahrung von Einheit und Bewußtheit - was muß das für ein erhebendes Gefühl gewesen sein!

Und je weiter wir gehen, desto eindrucksvollere Zeugnisse einer hochentwickelten Alltagskultur hinterlassen uns die Frauen. Immer reichhaltiger und symbolischer werden die Grabbeigaben, Ornamente schmücken die feiner werdenden Werkzeuge und immer mehr auch die Frauen selbst.

Es gibt jetzt schon Löffel und Gabeln zum Kochen, Schaufeln und Hacken für die tägliche Arbeit, die ersten Nähnadeln mit Öhr verfeinern die Kleidung, das Feuer dient in Fettlampen der Beleuchtung, Knochen dienen als Brennmaterial und - die ersten Arbeiten aus gebranntem Ton tauchen auf.

Die Kontinente sind noch durch die Gletscher verbunden, so daß es einen ausgedehnten Welthandel gibt. Das zeigen die Funde aus den verschiedensten Gegenden der Welt.

Die Bildersprache wird jetzt abstrakter. Sind bis dahin die weiblichen Symbole noch recht konkret in den Figurinen aufgetaucht, verselbständigen sie sich nun. Also die Vulvendreiecke, das Mondhorn, die

Spirale, die Zickzacklinie und ähnliche Symbole tauchen jetzt alleine auf.

Dann schmilzt das Eis und durch die Erwärmung werden die Lebensbedingungen für die Frauen leichter. Sie beginnen, sich an den Flußläufen niederzulassen, sie können das erstemal Nahrung in Kochgruben garen, sie machen den Wolf zum Haustier. In der Kunst tauchen die ersten Darstellungen von Paaren auf - aber es sind nicht Mann und Frau, es sind tanzende Frauen.

In unseren Geschichtsbüchern wird diese Zeit noch lange nicht als Kultur bezeichnet. Die fängt auch jetzt noch nicht an, wenn wir in die Zeit der sogenannten Matriarchate kommen.

Es gibt ja Schwierigkeiten mit dem Wort „Matriarchat". Sie erinnern sich an den Anfang. Ich möchte es jetzt aber doch verwenden für die Kulturen, von denen wir jetzt hören. Vielleicht können wir das Wort ja mit neuen Inhalten füllen. Eines allerdings müssen wir vorher an Bedeutung auf jeden Fall herausnehmen: Matriarchate sind keine Gesellschaften mit umgekehrtem Herrschaftsprinzip. Also hier herrschen nicht die Frauen über die Männer. Wir werden es sehen.

Die Matriarchate fallen in die Zeit zwischen 9000 und 3000 vor Christus, also in die Jungsteinzeit.

Sie breiten sich zum gleichen Zeitpunkt überall in der Welt aus, entweder als Stammes- oder als Stadtkulturen. Sie sind gekennzeichnet vom Ackerbau, und die Erfindungen, die zum Ackerbau geführt haben, wurden von Frauen gemacht. Sie schufen da-

mit das, was auch heute noch die Grundlage unserer Lebensweise ist. Denn Ackerbau war die Voraussetzung für Seßhaftigkeit. Damals war es eine Revolution. Der Boden wurde mit Hacke und Pflug bearbeitet, es gab Bewässerungssysteme, Pflanzenzucht und die Domestizierung von Tieren. An den Ackerbau geknüpft ist der Hausbau mit all seinen Techniken. Seßhaftes Leben läßt Zeit für Töpferei, Weberei, Kochkunst und Medizin.

Durch all diese Erfindungen konnten auf weniger Raum viel mehr Menschen ernährt werden.

Wie war doch gleich die Frage - gab‘s uns denn schon?

Die neuen Lebensformen führten zwangsläufig zu sozialen Veränderungen. Und da wird es noch interessanter für uns. Stämme und Sippen waren nämlich matrilinear verbunden. In fast allen Matriarchaten - auch in den wenigen, die es heute noch gibt - sind die Brüder der Mutter für die Kinder zuständig. Die Forscher haben immer angenommen, das hinge damit zusammen, daß die Menschen jener Zeit den Zusammenhang von Geschlechtsakt und Zeugung nicht gekannt hätten. Abgesehen davon, daß es mir heute oft so vorkommt, als wäre dieser Zusammenhang immer noch nicht klar, glaube ich, daß die Frauen jener Zeit, die so schlau waren, daß sie Kalender erstellen konnten, auch in der Lage waren, jenen Zusammenhang herzustellen. Aber vielleicht wußten sie schon besser als wir, daß die Freude und die Heiligkeit des Geschlechtsaktes und die verantwortliche Sorge für Kinder unterschiedliche Lebensbereiche darstellen. Vielleicht waren sie einfach wei-

se und weniger romantisch als wir. Vielleicht waren ja auch die Männer weniger mit sich beschäftigt und noch mehr Teil des Großen Ganzen. Wer weiß...

Auf jeden Fall können wir aus den Funden schließen, daß die Gesellschaften nicht hierarchisch aufgebaut waren. Nirgends ist ein Unterschied zwischen arm und reich sichtbar. Es gab ein natürliches Gleichgewicht zwischen den Geschlechtern. Die Sippenmütter waren Menschen mit einer natürlichen Autorität. Und Autorität bedeutete nicht Macht im herrschenden Sinn, sondern sie waren Ratgeberinnen, die von ihren Sippenmitgliedern freiwillig akzeptiert wurden, aufgrund einer inneren Kompetenz, die diese Frauen hatten.

Die Mitglieder dieser Gesellschaften sind also gleichwertig. Aber nicht im Sinne einer Gleichmacherei, sondern in Achtung der Fähigkeiten und Erfahrungen eines Menschen. Es gibt einen selbstverständlichen Austausch von Hilfe und von Geben und Nehmen. Das bedeutet, daß es keinen Besitz um des Besitzens willen gab.

Weibliche Tätigkeiten gelten als heilige Handlung.

Das ist ein Bereich, wo mich schon manchmal eine gewisse Wehmut packt. Gibt‘s uns denn noch?

In den städtischen Tempelzentren, die Symbol für die Gebärmutter der Göttin waren, lebten Frauen als Priesterinnen. Tausende von diesen kleinen Figurinen und Kultgegenständen wurden auch hier gefunden, versehen mit der Symbolik, die wir schon kennen und immer in Verbindung mit der Alltagskultur.

In den Tempeln wurden die frühesten Wissenschaften und Künste entwickelt: Astronomie als Kenntnis vom Lauf der Gestirne, um die Zeiten von Aussaat und Ernte und die Überschwemmungen der Ströme zu bestimmen, Medizin als Pflanzenheilkunde, Architektur, Malerei, Musik, Tanz und Gesänge.

Inhaltlich ist auch hier wieder „grundlegend die Vorstellung vom Zyklus von Leben, Tod und Wiedergeburt. Die Erde galt als große, ernährende, schützende Mutter. Die andere große, mütterliche Macht war der Kosmos mit seinen Gestirnen. Die Glaubensvorstellungen spiegeln die matriarchalen Werte der Heiligkeit der Natur und der Achtung vor dem Lebendigen wider.“[33]

Wir müssen uns das einmal vor Augen halten: In einem Zeitraum von insgesamt 20 000 Jahren wurden auf einem riesigen geographischen Gebiet diese Frauenfiguren gefunden. „Sie gleichen einander in auffallender Weise, ob sie nun aus Spanien oder Frankreich, aus Mittel-, Nord- oder Osteuropa stammen, aus dem Iran, aus Nordindien, Syrien Palästina, von den Mittelmeerinseln oder aus Ägypten. Lange wurden sie nur beiläufig erwähnt und in den Zusammenhang mit irgendeinem Fruchtbarkeitskult gestellt.“[34] Vielleicht wurden sie so lange vernachlässigt, weil sie so klein sind. Aber sie sind alle sehr, sehr sorgfältig gearbeitet und teilweise aus kostbarem Material. Das weist auf ihre Bedeutung hin, d.h. „daß auch sehr kleine Kultfiguren große Göttinnen repräsentieren können.“[35]

Ich möchte jetzt mit Ihnen eine Reise unternehmen.

In keinem Reiseführer über die Türkei wird auch nur annähernd etwas von dem stehen, was uns erwartet.

Wir besteigen in München das Flugzeug und fliegen nach Istanbul. Während des Fluges blättern wir einige Bücher durch, die ich mitgebracht habe und nehmen die Bilder auf von der Göttin, die sitzend ihr Kind gebiert, die Arme gestützt auf die Löwinnen, wir sehen die Stiere, die die Göttin gebiert, sehen Kelimmuster, Leopardenreliefs, eine kleine sitzende Göttin aus Ton, bemalt mit den bekannten Zickzackmustern und den wunderschön ausgearbeiteten Händen...

In Istanbul steigen wir um - was gar nicht so einfach ist - und nehmen einen Inlandflug nach Konya.

Konya liegt in der Anatolischen Hochebene, ein bißchen südlich von der türkischen Mitte. Wir kennen es durch die Bilder von den tanzenden Derwischen. Vielleicht steigen wir im Hotel Selcuk ab, frühstücken dort mit Tee, Oliven und Schafskäse. Und gehen dann zur Touristeninformation, weil wir ja schließlich einen Bus brauchen, um nach Catal Hüyük zu kommen. In der Information ist ein freundlicher Herr, Mr. Atilla, der alles für uns regelt. Und schon kommt Mehmet, unser Fahrer, und scheucht uns in den Bus. Eine knappe Stunde brauchen wir von Konya aus, bis wir an unserem Ziel sind. Wir fahren auf den geraden Straßen der Ebene, es ist trockenes Land mit raubbaumäßigen Bewässe-

rungsmethoden. Vielleicht ist Frühling und es blüht üppig. In der Ferne tauchen die schneebedeckten Gipfel des Taurusgebirges auf. Einige von uns verspüren ein leichtes, sehnsuchtsvolles Ziehen in der Brust, wie es geschieht, wenn wir an Plätze kommen, die Wiege unserer Kultur sind.

Mehmet wird aufgeregt. Er deutet auf zwei kleine Hügel, die ganz plötzlich aus der platten Landschaft auftauchen. „Catal Hüyük, Catal Hüyük", ruft er aufgeregt.

Das Gelände um diese beiden Hügel ist mit Stacheldraht umzäunt. Aus einem kleinen Wärterhäuschen kommt ein junger Mann, den Mehmet gleich in ein Gespräch verwickelt. Natürlich sind die beiden Freunde und so bekommen wir alle Ausnahmeregelungen, die wir brauchen. Die beiden plaudern und wir sind wieder unter uns.

James Mellaart, ein englischer Archäologe, hat Anfang der sechziger Jahre Catal Hüyük entdeckt und hier für drei Jahre gegraben. In diesen 40 Jahren seitdem haben seine Funde die Welt der Archäologie verändert. Er hat nämlich eine Stadt der Jungsteinzeit entdeckt. Eine richtige Stadt. Die einzige bisher neben Jericho.

Und er hat nicht die Überreste einer keulenschwingenden Horde vorgefunden. Er selbst schreibt: "Wenn die Ausgrabungen von Catal Hüyük mich etwas gelehrt haben, dann dies, daß seine Einwohner weit fortgeschrittener und zivilisierter waren als wir es für möglich gehalten hatten. Das stellt unsere Ignoranz und die Brüchigkeit unserer Methodik bloß, die diktiert, wie Kulturen sich theoretisch entwickelt

haben sollten und die folglich mit den von der Archäologie enthüllten Fakten immer wieder kollidiert.“[36]

Es ist still hier oben. Früher, vor sieben-, achttausend Jahren war die Landschaft bis zu den Bergen im Hintergrund noch üppig wie ein Paradiesgarten bewachsen. Jetzt ist alles kahl. Und trotzdem umfängt uns eine gewisse Wärme und Geborgenheit, wenn wir auf einen der Doppelhügel krabbeln. Vor uns liegt jetzt die offene Erde, die sichtbaren Reste von Mellaarts Arbeit. Er hatte nur ein Dreißigstel damals ausgegraben und mußte aus mysteriösen Gründen die Grabungen einstellen. Vielleicht war es zu „heiß“, was er da entdeckt hatte. Schließlich hatte er in einem streng patriarchalen Land seine Grabungsgenehmigung.

Mellaart hatte 12 Schichten ausgegraben. Die unterste datiert ungefähr aus dem Jahr 6500 vor Christus und die letzte, die oberste, aus den Jahren um 5700 vor Christus. Diese zwölf Schichten umfassen also einen Zeitraum von circa 800 Jahren. In diesen 800 Jahren hat es keine kriegerischen Auseinandersetzungen gegeben, keine Massaker oder andere Greueltaten. Das belegen nicht nur die Funde, sondern auch die Wandgemälde. So schreibt Mellaart: „Von über einhundert Gemälden gibt es nicht eines, das eine Konflikt- oder Kampfszene darstellt, geschweige denn Krieg, Folter oder Grausamkeit.“[37]

Dafür wurden die ältesten Landschaftsgemälde, das älteste Stück gewebten Stoffes, die ältesten in einem Haus erhaltenen Altäre gefunden.

Aber ich greife vor. Wir stehen ja noch vor diesem großen Loch in der Erde und versuchen etwas zu erkennen. Was auf den ersten Blick nicht so einfach ist. Wir müssen uns erst diese alte Stadt einmal vorstellen. Und zwar war die Bauweise in allen Schichten gleich. Die Häuser waren mit Hilfe eines Holzfachwerks und getrockneten Strohlehmziegeln gebaut. Alle Häuser klebten gleichsam aneinander und immer mehrere Häuser reihten sich um einen Innenhof. Aber von außen her war die Stadt ein geschlossener Häuserkreis, links und rechts des kleinen Flusses angesiedelt, der heute vertrocknet ist. Seinen Lauf können wir aber noch erkennen. Es gab keine Türen nach außen, nur Dachluken auf den Flachdächern und bewegliche Leitern außen und feste Leitern innen. So gab es Schutz, z.B. vor wilden Tieren oder Überschwemmungen, ohne daß die Wehrhaftigkeit extra gestaltet werden mußte. Denn die geschlossenen Außenwände taten schon diesen Dienst. Da es durch diese Bauweise keine Straßen gab, fanden Besuche innerhalb der Stadt von Dach zu Dach statt. Dort spielte sich auch viel des alltäglichen Lebens ab, denn die Höfe zwischen den Häusern waren vermutlich die Toiletten. Auf die Exkremente wurde sofort Asche gestreut, die die Feuchtigkeit aufsog und Bakterien vernichtete.

Die einzelnen Wohnungen waren unterschiedlich groß, das richtete sich wohl nach der Anzahl der Bewohner, aber immer nach demselben Schema aufgebaut. In allen Schichten und in allen Wohnungen war die Einteilung die gleiche.

Die Wohnung bestand aus einem Raum. Ein Drittel davon war die Küche. Und zwar auf der Seite,

auf der die Leiter stand. Denn die Luke im Dach war gleichzeitig der Abzug für den Herd. Also unter der Leiter war der Herd. Und in der Wand vor dem Herd war zur besseren Wärmespeicherung der Backofen eingelassen, darunter eine weitere Öffnung für das Brennmaterial.

Wenn wir also jetzt in das Grabungsloch vor uns schauen, können wir schon einiges entdecken. Wir sehen in den Wänden die Fehlstellen der Holzbalken, denn die Balken haben die Jahrtausende nicht überlebt, aber die Lehmziegel. Wir sehen an einer Stelle eine schräge Linie über der Wand, das war die Stelle der Leiter, und davor das kleine Rechteck am Boden der Herd und dahinter die zwei Nischen für Backofen und Brennmaterial. Langsam fängt es an lebendiger zu werden für uns.

Die beiden Männer haben sich zum Chai ins Wärterhäuschen zurückgezogen, so daß wir uns ein bißchen weiter vorwagen und die paar Sandsäcke, die zum Schutz vorm Abrutschen des weichen Bodens ausgelegt sind, hinunterklettern.

Wieder nehmen wir die Stille und den Frieden war, der uns umfängt. Langsam beginnen wir, die noch sichtbaren Reste der Räume mit dem auszugestalten, was wir auf den Bildern im Flugzeug gesehen haben.

Wir bemalen die Wände mit Mustern, wie wir sie aus anatolischen Kelims kennen und die kleinen Nischen in den Wänden streichen wir mit Rotocker aus und stellen eine kleine Göttinnenfigur hinein. Wir belegen den Boden, der mit unterschiedlich hohen Podesten versehen ist, mit Schilfgras und ge-

webten Matten. Auf die Podeste legen wir gewebte Decken und Felle, denn sie sind unsere Schlafplätze. Die höheren und größeren für uns Frauen und Kinder, die kleinen, niedrigeren für die Männer. Wir malen und malen, haben wir doch so gut wie alle Farben zur Verfügung. Wir bemalen die hölzernen Balken unseres Fachwerks, wir bemalen unsere Keramiken und vor allem malen wir Wandbilder in unsere Kulträume. Wir modellieren Gipsreliefs unserer Großen Göttin in Gebärhaltung an die Wände und Leoparden und Stiere, wir formen Brüste über den Kiefern von wilden Ebern oder Geiern, wir lassen die Göttin Stierköpfe gebären und malen und bilden Stiere und Hirsche und immer wieder die Göttin. Wir bergen sie in unseren Tongefäßen mit Getreide, denn wir haben reichlich davon. Wir glühen Kupfer aus und formen daraus Werkzeug und Schmuck. Ach, unser Schmuck aus Knochen, Kreide, Perlmutt und Muscheln, unsere Schminkgefäße, in denen wir mit feinen Mörsern unseren roten Ocker, blauen Lasurstein, grünen Malachit und Bleiglanz reiben. Und Spiegel haben wir auch - in den Bergen finden wir Lavagestein, Obsidian, den wir blank polieren, so daß wir uns darin sehen können. Wir treiben auch Handel mit diesem Rohstoff bis nach Jericho, Petra und Zypern.

Wir ernähren uns von dem, was uns unsere Tiere liefern, von dem, was unsere Männer jagen, von der Milch der Wildrinder, von den Früchten des Feldes, wie Erbsen und Linsen, bitteren Wicken und anderen. Und natürlich von den wildwachsenden Früchten, den Nüssen und Beeren.

Da stehen wir nun in dieser trockenen Grube und sind überwältigt von dem, was wir um uns ausgebreitet haben. Dieses differenzierte Leben, das da sichtbar wird, soll aus der Steinzeit sein? Das soll noch keine Kultur sein? Wie kommt das? Weil das Kriegerische fehlt? Weil das Monumentale fehlt? Weil die Götter klein und weiblich sind?

Vielleicht sind es ja wirklich die Göttinnen, die eine Antwort auf unsere Fragen haben. Wir müssen uns also einmal die Kulträume genauer ansehen, schließlich ist ja fast jeder dritte Raum hier ein solcher. Vielleicht finden wir irgendwo einen Zugang, einen Eingang. Da vielleicht, an dieser Seite. Dieser kleine Durchgang könnte uns hinführen. Leise schlüpfen wir durch. Es ist dämmrig, wir sind eine Schicht unter die Oberfläche geraten.

„Habt keine Angst, ich habe Euch erwartet.“ Wir erschrecken doch. Vor uns steht eine kleine Frau, aufrecht, das Gesicht mit Ocker bemalt, in ein Mieder aus Leopardenfell gekleidet und einem gewebten Fransenrock. Sie hält uns eine kleine Fettlampe hin. „Zündet sie an.“ Zitternd holt Doris ihr Feuerzeug heraus und entzündet den Docht. Der Raum wird heller.

„Ihr könnt mich Catal nennen. Ich bin hier, um Euch alles zu erklären und um Eure Fragen zu beantworten. Ich war einst Priesterin und bin in diesem Raum begraben. Seht Euch ruhig um.“

Wir sehen wieder die unterschiedlichen Podeste am Boden, die Leiter, den Herd und den Ofen, obwohl es ein Kultraum ist, wir sehen die verzierten Balken des Fachwerks, hier allerdings sind sie üppiger bemalt. Rundherum ist das untere Drittel der

Wände mit feinen Mustern überzogen. Einige Totenschädel liegen am Boden, Säulen, auf denen Stierköpfe modelliert sind, an der Westwand finden wir Reliefs der Göttin, die Stierköpfe gebiert, stilisierte Geier, die sich auf kopflose kleine Menschen stürzen.

„Halt", hören wir Catal an dieser Stelle, „das ist Eure Sichtweise, nicht unsere. Wir hatten nicht diese Angst vor dem Tod wie Ihr. Ich werde versuchen, es Euch zu vermitteln. Alle, die auf uns schauen, schauen mit späteren Augen, nicht mit unseren. Unser Gefühl in der Welt war ein völlig anderes. Wir waren mit allem verbunden. Das ist für Euch schwer zu verstehen, was das bedeutet. Wir waren mit allem eins. Ihr habt ein Bewußtsein, seid aber von allem getrennt.

Wenn Ihr euch einen Baum vorstellt, der das Leben in sich hat, irgendetwas läßt ihn ja lebendig sein, so ist es dasselbe Leben, das ich in mir habe und das Ihr in Euch habt. Ich konnte damals auf dieser Ebene des Lebens direkt mit dem Baum verbunden sein. Ich wußte, was er wollte und wie es ihm ging. Am ehesten können vielleicht diejenigen von Euch den Zustand nachvollziehen, die einmal mit einem Baby ganz verbunden waren. Es war ein Gefühl von Einheit. Auch wenn das Kind im Nebenzimmer war, wußtet Ihr, daß es aufgewacht war, auch wenn es nicht geschrien hat. Ihr wußtest es einfach. Und so ähnlich war unsere Verbindung mit der ganzen sichtbaren und unsichtbaren Welt. Und da wir diese innere Verbindung mit dem Leben hatten, hatten wir auch keine Angst vor dem Tod. Tod ist nur Wandlung, Bewegung, eine Drehung im Tanz...

Wenn ein Mensch starb, übergaben wir das Fleisch den Geiern, mit denen wir befreundet waren. Das Skelett begruben wir unter den Podesten in unseren Häusern, damit er mit uns weiterlebt. Er legte sich in die Erde, wie er einst im Mutterleib lag, wie ein Samenkorn, und wartete dort. Und eines Tages gebar eine Frau wieder ein Kind und der Mensch war wieder da. So wie wir den Lauf der Sonne beobachteten. Sie ging im Osten auf und im Westen unter, und sie lief unter uns in der Erde weiter und kam am nächsten Tag unversehrt wieder. Warum sollten wir Angst vor dem Sonnenuntergang haben?

Wir erlebten ein Gefühl des völligen Geborgenseins in diesem Kreislauf, mit den Sternen und dem Mond, den Pflanzen und Tieren. Das, was Ihr als „Göttin" bezeichnet, ist eigentlich keine Göttin. Denn Ihr geht von einem menschengleichen Gott aus, von einer Figur, die irgendwo oben sitzt und Eure Geschicke lenkt. Wir haben diese wunderbare Kraft in allem erlebt, in der Geburt zum Beispiel, in unserem alltäglichen Leben, die ganze Erde verkörperte diese Kraft. Unser ganzes Tun bestand in dieser Kraft. Wir haben gespielt und gelacht, gearbeitet und geschlafen im Einklang mit dieser Kraft. Und natürlich waren wir ganz normale Menschen, wir haben gestritten, waren eifersüchtig und haben alle anderen menschlichen Schwächen gehabt. Macht nicht den Fehler, uns als ‚besser' zu stilisieren. Wir lebten einfach nur anders.

Leben, Tod und Wiedergeburt sind *ein* Aspekt dieser großen Kraft. Alle unsere Reliefs und Plastiken und Gemälde versuchen letztendlich, von unserer Ehrfurcht vor diesem Wunder zu erzählen. Wenn ich

das Relief der gebärenden Göttin erneuert habe, so war es unsagbar beglückend, es nach einer genauen Überlieferung zu tun, ich war eingewoben in die Kette meiner Ahninnen. Dann die Freude an meinem Material. Ich bin selbst in die Berge gewandert, habe den Stein gerieben und bin selbst der Stein gewesen, der gerieben wurde. Denn ich war selbst die Göttin, die ich formte, ich war selbst der Strom, der mich durchdrang.

Oder nehmt zum Beispiel einmal unsere Wandbilder. Als Herr Mellaart hier herumstöberte, hat er ja gesehen, daß unsere Bilder immer wieder mit einer Schicht weißen Gipses überstrichen wurden, bevor ein neues, oft dasselbe, wieder darüber gemalt wurde. Er meinte, um die Magie zu bannen. Dabei geht er wieder nur von seinen eigenen Ängsten aus. Es war unser Wissen vom Kreislauf des Lebens. Nichts hat Bestand, aber dieses Nicht-Bestand-Haben ist Geborgenheit im Lebensfluß. In Eurer Zeit gibt es noch etwas Ähnliches im tibetischen Buddhismus. Dort stellen die Mönche in tagelanger Kleinarbeit, innerhalb einer genauen Tradition, Sandbilder her. Und wenn diese Mandalas fertig sind, werden sie nicht konserviert, festgehlten, nein, sie werden dem fließenden Wasser übergeben."

Wir haben Catal zugehört. Einige von uns verstehen sie, einige tun sich schwer damit, manche spüren eine leise Sehnsucht.

Susi wagt sich vor: „Catal, wie war das denn jetzt bei Euch mit Mann und Frau?"

„Es fällt mir ein bißchen schwer, diese Frage auf der Ebene zu beantworten, auf der Du sie gestellt

hast, ganz einfach aus dem Grund, weil mein Lebensgefühl, mein In-der-Welt-Sein so anders ist als Deines. Aber laß es mich versuchen. Ich muß dazu etwas ausholen.

Wir haben die Ordnung, die wir auf der Erde und am Himmel vorgefunden haben, als Abbild gelebt. Wie oben, so unten. Wenn Du zum Beispiel auf unseren Stadtplan schaust, Du weißt schon, den, den Mellaart ausgebuddelt hat, dann sieht er aus wie der nächtliche Sternenhimmel. So lebten wir in einer vollkommenen Ordnung. Zum einen bildeten wir den Himmel auf der Erde ab, und zum anderen bewegten wir uns miteinander in dieser Ordnung. Wir glitten aneinander vorbei wie die Sterne, manchmal berührten wir uns und zogen weiter, manchmal liefen die Bahnen lange, lange zusammen. Und wenn wir weiterzogen, blieb kein Band zwischen uns. Manchmal vielleicht ein Nachklang, wie der Schweif eines Kometen.

Manche verbrachten ihr ganzes Leben zusammen. Wenn sie den Akt der Heiligen Hochzeit feierten, war es ein Fest und es war heilig. Und natürlich waren wir nicht so lebensfremd, daß wir nicht gewußt hätten, welchen Zusammenhang es zwischen diesem Akt und unserer Fruchtbarkeit gibt. Aber es ist eben nur *ein* Zusammenhang, nicht der ganze.

Alle Kräfte im gesamten Kosmos müssen zusammenkommen, damit ein Kind entsteht, der Mond und der Wind und der Geist der lebendigen Natur, das heißt, der Wunsch der Göttin. So war es nicht allein die zeugende Kraft des sterblichen Mannes. So war der Mann nicht so groß. Er war wie wir eingebettet in ein größeres Ganzes. Und die Liebe, die wir empfingen, Männer wie Frauen, in unserem Einge-

bettetsein, die gaben wir untereinander weiter. Wir achteten uns gegenseitig. Natürlich alles im menschlichen Maß, wie gesagt.

Das heißt auch nicht, daß wir alle gleich waren. Jeder und jede hatte seinen oder ihren Platz, gemäß den Begabungen und Fähigkeiten. Und es gab etwas, was wir im Universum und auf der Erde beobachteten, und das spielte sich auch in unserem Körper ab. So war es ganz natürlich, daß wir Frauen diesen heiligen Rang auch in der Gesellschaft vertraten. Der Mann war von der Göttin geboren und uns war das Göttliche innewohnend. Deshalb waren alle Handlungen von uns heilige Handlungen."

Es ist still. Jemand weint. Es ist wie eine zarte, ferne Erinnerung, was Catal uns erzählt. Claudia ist unruhig und hat den Kopf voller Fragen.

„Heilig?" fragt sie, „mit heilig verbinde ich, daß ich irgendetwas nicht darf, daß ich still sein muß, keinen Sex haben darf, nichts für mich selbst tun darf, keine Lebensfreude haben darf - am besten gar nicht mal atme. Und irgendein vertrocknetes, schmallippiges Männlein sagt mir das alles recht salbungsvoll und unglaubwürdig. Also ich will mit heilig nichts mehr zu tun haben!"

Catal lacht. „Da hast Du recht! Aber vielleicht ist das ja das Heilige in Dir? Vielleicht ist das ja das Lebendige in Dir, das da protestiert. Ich habe Euch erzählt, daß es die lebendige Kraft ist, mit der ich verbunden bin. Heilig hieß für uns, zutiefst lebendig zu sein. Das war das Heilige. Also genau andersherum. Wenn wir ‚einfach so' etwas getan haben, ohne Freude, ohne das Lebensfeuer in uns zu spüren, dann war die Handlung nicht heilig. Das hatte auch absolut

nichts mit Gutsein zu tun, wie Ihr es kennt. Bei uns waren ja Leben und Tod eines."

Beate unterbricht.
„Ich hab' das alles noch nicht verstanden. Das mit diesem Zyklischen, mit diesem Leben - Tod - Wiedergeburt. Daß das eins sein soll. Ich versteh' das einfach nicht."

„Stell Dir vor, wie Dein Leben anders wäre, wenn Du keine Angst vor dem Tod hättest. Auch wenn Du sie nicht täglich in jeder Deiner Handlungen spürst, so ist sie doch der Hintergrund unendlich vieler Deiner Handlungen.

Stell Dir vor, wie Dein Leben anders wäre, wenn Du es nicht mehr danach ausrichten würdest, daß Du anerkannt wirst, oder Erfolg hast, oder gefällst, oder recht hast, sondern einzig und allein an der tiefsten Stimme in Dir. Wenn Du Dich gleichsam in den Strom dieser Stimme wirfst. Dann ist alles richtig. Nicht im Sinne von richtig oder falsch, sondern, daß es einfach so ist wie es ist. Dann ist es so richtig, wenn Du traurig bist und wenn Du erschauderst vor Glück, dann ist es richtig, wenn Du krank bist und wenn Du gesund bist, dann ist es richtig, ob Dein Kind ein Mädchen oder ein Junge ist, ob es lebt oder stirbt. Das heißt aber nicht, daß Du alles erduldest, also im Sinne, dann ist es ja richtig, wenn Dein Mann dich schlägt. Nein, dieses Akzeptieren ist gebunden an die Stimme Deines Herzens. Denn diese Stimme ist gleichsam das Echo des Kosmos und bedeutet Freiheit. Das ist Deine einzige Bindung. Und diese

Stimme wird nicht dulden, daß Dein heiliger Körper und Deine heilige Seele verletzt werden.

Stell Dir vor, Du gehst hinaus in Dein Leben, das Du jetzt führst und Dein Verstand, Dein Herz, jede Zelle Deines Körpers weiß, ich bin diese Kraft, ich bin das Leben, bin wilde, ursprüngliche, liebende Lebenskraft, ich darf leben, ich darf so sein wie ich bin. Stell Dir vor, wie Du anders durch Deine Welt gingest. Wie Deine Welt sich veränderte, wenn Du und Deine Freundinnen, Mütter, Töchter es wüßten.

Deshalb habe ich auf Euch gewartet. Deshalb habe ich Euch in mein Heiligtum gelassen. So möchte ich mich jetzt von Euch verabschieden, möchte mich wieder zurückziehen unter die Erde, in den Bauch meiner Göttin. Und es ist gewiß - ich wohne in jeder von Euch. Lebt wohl."

Ein Windhauch durchzieht den Raum und löscht die Flamme. Wir stehen im dunklen.

Bis wir Schritte hören. Ein Motor wird angelassen. „Where are you? Where are you," hören wir Mehmets Stimme. Schnell kriechen wir aus der kleinen Luke nach draußen, klettern die Sandsäcke hoch, klopfen uns den Staub von den Kleidern und steigen in den Bus. Der Wärter bekommt ein gutes Trinkgeld. Die Welt hat uns wieder.

Als wir in Konya am nächsten Tag den freundlichen Mr. Atilla nach den Busverbindungen nach Ankara fragen, gibt er uns zusätzlich noch ein Faltblatt

mit über die tanzenden Derwische. Schließlich sind wir ja in Konya.

Im Bus dann liest uns Maria plötzlich laut daraus vor: „Der sich drehende Derwisch nimmt teil an der Harmonie einer prachtvollen Ordnung und dreht sich im Rhythmus mit allem, was wir in der Natur als lebend oder leblos bezeichnen, von den kleinsten Zellen bis zu den Sternen am Firmament.“[38]

Sollten wir doch nicht verschwunden sein?

In Ankara angekommen, gehen wir ins Anatolischen Museum. Dort sind die Funde aus Catal Hüyük ausgestellt. Es ist seltsam, die Stücke jetzt zu sehen, unter Glaskästen, mit kleinen Schildchen versehen, auf Stoff drapiert. Es erinnert an die Erfahrung des Getrenntseins, von der Catal gesprochen hat.

Lange bleiben wir vor der schwarzen Figur der Göttin stehen, die sitzend gebiert, würdevoll, kräftig, die Arme auf zwei Löwinnen gestützt. Mit ihren gerade mal dreißig Zentimetern ist sie schon groß.

Sonst verweilen wir nirgendwo lange. Wir schlendern noch zum Ende des Saals, an den unterschiedlichsten, späteren Kulturen vorbei und kommen in den großen, hohen Mittelsaal. Dort sind riesige Figuren und Reliefs ausgestellt. Interessiert uns alles im Moment nicht so, wir sind fast erschlagen von der monumentalen Wucht der Zeitalter, die da noch auf uns zukommen. Auf eine allerdings fällt unser Blick. Es ist auch eine schwarze Skulptur. Nur diesmal aus einer späteren Zeit. Sahen wir doch eben noch um die Ecke die mächtige Frau, eins mit den Tieren, Herrin der Löwinnen, über ihr nur der Him-

mel, sehen wir sie jetzt, eingequetscht, geduckt zwischen zwei Löwen und über ihr, bestimmt sechs Meter hoch, der Herrscher. Wir wissen, diese Skulptur ist schon das Abbild einer Zeit, die nach uns kam. Nach Beginn der Geschichte. Aber vielleicht haben wir ja weitergewirkt, als unterschwelliger Strom, als lebendiges Samenkorn in der Unterwelt?

So besteigen wir unser Flugzeug mit tiefen Eindrücken und vielen offenen Fragen und fliegen nach Hause.

Ungefähr 1000 Jahre, nachdem die Siedlung Catal Hüyük aus ungeklärten Gründen aufgegeben worden war, fielen die ersten Horden Kurganmenschen in Alt-Europa ein. Sie kamen mit domestizierten Pferden und tödlichen Waffen aus dem Wolgabecken und bereiteten den seßhaften, egalitären, friedlichen und hochentwickelten Kulturen ein jähes Ende. Sie veränderten die gleichberechtigte zur herrschenden und die matrilineare zur patrilinearen Lebensform.

Aber wir müssen uns klarmachen, daß wir nicht ausgelöscht wurden mit unserer Kultur, sondern daß wir einfach in den Untergrund gegangen sind damit. Wenn wir daraufhin unsere weitere Geschichte betrachten, können wir das deutlich erkennen.

Die Symbolik aus jener vorgeschichtlichen Zeit wurde niemals ausgerottet - sie taucht noch immer in unseren Träumen und Archetypen auf, sie wurde vereinnahmt und mit anderen Vorzeichen versehen oder ihrer ursprünglichen Bedeutung beraubt. Aber sie ist nie verschwunden.

Und - was machen wir jetzt damit? In unserem Alltag, in unsrem täglichen Leben, mit unserem Problemen? Jetzt wissen wir zwar, daß es uns schon gegeben hat, daß wir einmal Bedeutung hatten, aber was hilft uns das?

Ich möchte Sie daran erinnern, daß die Gestalt der Göttin klein war. Und doch verkörperte sie die Gesamtheit der schöpferischen, göttlichen, transformierenden Kräfte. Für uns birgt das zwei Botschaften.

Die eine ist: Das Kleine ist groß und das Kleine fehlt. Mutter Theresa sagte: „Kleine Dinge mit Liebe tun." Und sie hat fürwahr ein großes Werk geschaffen, oder?

Fangen wir da an, wo wir sind. Mit uns selbst. In unserem Zuhause. In unserer Partnerschaft. In unserer Arbeit oder Arbeitslosigkeit. Leben wir dort in Würde. Achten wir dort das, was wir tun, was wir empfinden, was wir verkörpern, was uns wichtig ist, wie wir uns lebendig fühlen.

Denn das, was uns in unserem Innersten wichtig ist, was wir einmal in einer frühen Kultur schon verwirklicht hatten, ist ja das, was in unserer Gesellschaft fehlt, um sie ganz zu machen, um sie vor ihrer eigenen Zerstörung zu bewahren, um sie vorm Umkippen zu schützen. Um das genauer auszuführen bräuchte ich noch einen ganzen Vortrag, aber ich glaube, wir haben es bei unserem Streifzug durch die Vorgeschichte schon ahnen können. Wenn ich Sie zum Beispiel erinnere an unsere erste Tat, an die, mit der wir begannen, uns von den Tieren zu unterschei-

den: *wir teilten die Nahrung*. Das wäre einer Erinnerung wert.

Erinnern wir uns an die Ursprünge unserer Geschichte, dann können wir auch aufhören zu jammern. Jammern und leiden ist einer Frau, in der die Göttin wohnt, nicht würdig.

Trauern schon. Wir werden uns schon kümmern müssen um diese Verletzung in unserer Geschichte, um diesen gewaltsamen Einbruch, dessen Wunde in uns schwelt, sei's, indem wir zerstörerisch mit uns selbst umgehen, sei's, daß wir uns oder dem Mann an unserer Seite tief mißtrauen und ihn damit ganz groß oder ganz klein brauchen - auf jeden Fall ihn nicht liebend als Mensch annehmen. Und das ist nötig, das brauchen wir zu unserer Heilung und er zu seiner. Und wir wollen doch frei sein, oder?

Es geht um die Balance. Da seit 5000 Jahren die eine Seite des Menschlichen übermächtig ist, müssen wir im Moment noch die andere stärken. Nur so kann sich das Gleichgewicht herstellen. Die Abwertung des Weiblichen, das heißt der Ganzheit des Lebens, beginnt schon in unserer Paradieserzählung und die fällt ungefähr in die Zeit der untergehenden matriarchalen Kulturen.

Aber Eva hält ihm den Apfel hin. Und der Apfel ist Symbol des Lebens. Sie erinnert an das Mysterium des Lebendigen.

Das ist die andere Botschaft der kleinen Göttin, ihr Hinweis auf die uns innewohnende transzendente, verwandelnde Kraft. Sie ist von unvorstellbarer Größe und Schönheit. Catal war damit verbunden und

hat uns andeutungsweise davon erzählt. Wir können diese Verbindung wieder herstellen.

In der Chaos-Forschung - und das ist die moderne, männliche Variante des Wissens über die Zyklen von Leben, Tod und Wiedergeburt - also in jener modernen Theorie heißt es, daß es in labilen Systemen geschehen kann - und unser System ist wahrhaftig labil im Moment -, daß ganz plötzlich Punkte, Erscheinungen, Bewegungen am Rand (das sind wir) in die Mitte des Systems gerissen werden und es von Grund auf erneuern.

Darum geht es, wenn wir beginnen, das Kleine zu tun.

In diesem Sinne - ich freue mich, daß es uns gibt.

Eine Stimme finden

Über weibliche Sprachlosigkeit und was danach kommt

Vor einiger Zeit saß ich mit meiner alten Freundin Maria bei einer Tasse Tee. Wir hatten uns lange nicht gesehen, und sie erzählte mir von sich. Sie arbeite jetzt in einer Station für Sterbende, die sie selbst nach dem Hospizgedanken mit aufgebaut hätte, sie arbeite dort seit vielen Jahren, hätte in Amerika, in England und Deutschland schon reichlich Erfahrungen auf diesem Gebiet gesammelt, sie hielte Vorträge zum Thema - aber - sie fühle sich oft völlig erschlagen von der ganzen männlichen Struktur des Krankenhauses und der Vorgehensweise ihrer männlichen Kollegen und Vorgesetzten. Sie würde zwar diese Stimme ihrer eigenen Wahrnehmung in sich hören, sie spüre ihre eigene Gestaltungskraft, aber sie könne sie nicht ausdrücken. Sie würde auf seltsame Weise diffus werden, wenn sie ihr Eigenes ausdrükken wolle. Sie hätte einfach keine Worte für ihre ureigenste, innere weibliche Stimme.

Wir sprachen an diesem Nachmittag noch lange über das Thema und ich bat sie, mir ihre Erfahrungen

doch einmal aufzuschreiben. Und - genau einen Tag später rief mich eine befreundete Frauenbeauftragte an und fragte, ob ich nicht einen Vortrag zum Thema Frau und Stimme machen könne.

Am Tag danach ging ich nachmittags mit einer anderen Freundin spazieren (ich tue nämlich nachmittags nichts anderes, als mich mit Freundinnen treffen), und sie erzählte mir voll Begeisterung, nein, Begeisterung war es nicht, mehr voll Erstaunen, sie hätte am Tag zuvor zufällig eine Sendung im Fernsehen gesehen, eine Talkshow. Und in dieser Talkshow wäre Senead O'Conner, die irische Pop-Sängerin gewesen und hätte über sich und ihre Arbeit gesprochen. „Und weißt Du was, Anna", sagte sie, „sie hat ganz offen darüber gesprochen, daß sie ihre Lieder als Gebet versteht, sie nimmt ihre Stimme zum Heilen, sie sagte es ganz offen, von Herzen, nicht als Publicity-Gag."

Ich ließ am Abend jenes Tages das Zusammentreffen dieser drei Ereignisse auf mich wirken und spürte, daß das Leben selbst schon die Gliederung des Vortrags gestaltet hatte: Das Sehen und Erleben unserer Sprachlosigkeit auch heute noch, dann der Anruf, ein Anruf ist ein Aufruf, ein Aufruf, sich der Situation der Sprachlosigkeit bewußt zu werden, damit wir überhaupt in der Lage sind, uns eine Stimme zu geben. Und der dritte Teil, und das war kein Zufall, daß es eine Sängerin war, die darauf hinwies, ist, daß wir etwas sehr Tiefes und Wertvolles zu sagen haben.

Was hatte ich also noch für eine Wahl - ich entschied mich, den Vortrag auszuarbeiten.

Das war Ende Oktober. Ich hatte dann noch einige andere Arbeiten und Reisen und als ich zurückgekommen war und mit den Vorarbeiten zum Vortrag beginnen wollte, rutschte ich auf der eisglatten Straße aus und brach mir den rechten Arm. Und ich bin Rechtshänderin, ich schreibe also auch mit rechts. Das bedeutete, daß ich mir in dieser Vorbereitungsphase keine Hilfe aus Büchern holen konnte, denn es machte keinen Sinn für mich zu lesen, wenn ich mir keine Notizen machen konnte und sie mit meinen Ideen vermischen, um damit flugs Material für zehn Vorträge zusammenzukritzeln.

Ich mußte also diesmal in der Phase der Vorarbeit ganz und gar auf meine eigene Stimme hören.

Ich mußte *mich* fragen, nicht die Bücher, was ist meine weibliche Stimme? Was ist das Wesen unserer Stimme? Was ist das, was meine Freundin Maria sagen will und nicht sagen kann? Wie zeigt sich das Ungesagte, Ungesprochene, Ungesungene? Wie sähen ich und Maria und die Welt aus, wenn wir es sagen könnten?

Ich erinnerte mich an Frauen, die wie meine Freundin Maria bestens ihre Aufgaben in der Welt erfüllen, sei es als Hausfrau oder Mutter oder als berufstätige Frau. Aber sie fühlen sich nicht in der Lage, einfache Dinge, die sie selbst betreffen, auszusprechen. Selbst bei wirklich gestandenen Frauen, ja sogar bei den jungen Frauen scheint ein Tabu des Schweigens über dem eigenen Bedürfnis, über spezifisch weiblichem Erleben zu liegen.

Eine Freundin von mir brauchte Jahre, um sich zu trauen, ihrem Mann zu sagen, daß sie sich in ihrer

Wohnung ein eigenes Zimmer für sich einrichten möchte. Und sie traute sich erst, als sie schon Krebs hatte. Es sind neben dem großen Aspekt des Weiblichen in unserer Kultur also auch die scheinbar einfachsten Dinge, die Schwierigkeiten machen.

Und ohne jetzt eine direkte Antwort zu erwarten, frage ich Sie, ist jemand unter Ihnen, die diese Sprachlosigkeit nicht kennt? Die nicht manchmal dieses diffuse Gefühl in sich hat, hier stimmt doch was nicht, aber ich kann es nicht benennen? Die es nicht kennt, daß sie sich nicht traut, ihre eigenen Belange anzusprechen? Die vor einem Mann steht - oft ist es der eigene - mit dem abgrundtiefen Gefühl von „der versteht mich nicht“, oder - ich möchte etwas sagen, aber irgendwie geht es nicht?

Wenn eine von ihnen noch nie eine solche oder ähnliche Erfahrung gemacht hat, dann kann das zwei Gründe haben. Der erste ist, sie ist von der Göttin über alle Maßen gesegnet auf diese Welt gekommen, ist mit allem ausgerüstet, was eine Frau braucht, um hier als Königin zu leben. Und ich hoffe aufrichtig, daß sie wirklich das Leben einer Königin führt.

Der zweite Grund, und der etwas wahrscheinlichere, ist der, daß sie sich in ihrem Bewußtsein über sich selbst nicht von einem Mann unterscheidet. Sie meint dann, das wären ihre Interessen oder Bedürfnisse, die sie vertritt, aber in Wirklichkeit ist es ein unsichtbarer Akt der Anpassung und sie ist weit abgeschnitten von ihrem eigenen Lebensgefühl.

„Alles, was ich Ihnen sagen kann,“ sagt Virginia Woolf „ist, daß ich entdeckte, als ich zu schreiben begann, daß eine Frau - es klingt einfach, aber ich

sollte mich schämen, Ihnen zu sagen, wie lange ich brauchte, das selbst zu entdecken - nicht ein Mann ist. Ihre Erfahrung ist nicht die gleiche, Ihre Traditionen sind anders. Ihre Werte, sowohl in der Kunst wie im Leben, sind anders."[39]

Warum es so schwer ist, ein Bewußtsein über uns selbst zu bekommen, das nicht männlich definiert ist, will ich an einem einfachen Beispiel verdeutlichen.

Wir alle kennen inzwischen die Geschichte der Indianer. Sie lebten in vielfältigen und differenzierten Kulturen in Amerika, bevor die Weißen dort ankamen, sich des Landes und seiner Schätze bemächtigten und einen Großteil der Ureinwohner töteten. Diese weißen Eroberer bezeichneten die Indianer als Heiden - obwohl dieses Volk über eine umfassende Spiritualität verfügte, als minderwertige Menschen, Tieren gleich, obwohl sie eine hohe menschliche Ethik lebten, als dumm, obwohl sie tiefe Weisheit besaßen, als bestialisch, obwohl sie in höchster Achtsamkeit mit der Natur lebten - und so weiter. Die Menschen in der Heimat der Eroberer hörten diese Geschichten und glaubten sie. Und diejenigen, die den Eroberern folgten und das Land weiter besiedelten, behandelten die Indianer als solche, wie sie sie beschrieben bekommen hatten. Wir alle kennen noch die Indianerdarstellungen in den alten Filmen und Geschichten.

Und nach einiger Zeit lebte ein Großteil der Indianer tatsächlich so, wie man sie beschrieben hatte. Sie hatten vollkommen nicht nur ihr Land, sondern auch ihre Traditionen und ihr Selbstwertgefühl verlo-

ren. Erst seit einigen Jahrzehnten bekommen wir veränderte Bilder von den Indianern, bekommen Informationen über ihr Wissen und ihre Kultur, stehen die Indianer selbst auf und ‚emanzipieren‘ sich.

So geschah es. So funktioniert es. So geschah es auch mit uns. Auch in unsere Urkulturen sind Eroberer eingebrochen. Auch wir sind den Bildern der Eroberer erlegen und haben ein Leben in Reservaten geführt. Auch wir beginnen langsam, die Bilder über uns zu hinterfragen, neu zu entwerfen, in Verbindung mit unserer eigenen Kultur zu bringen, neu zu füllen.

Dabei geht es in diesem Prozeß keineswegs nur um ‚die Frau‘ und ‚den Mann‘, geschweige denn um gut oder böse. Es geht um das Weibliche und das Männliche, das heißt, um ein Gleichgewicht. Wir alle kennen Frauen, die absolut nach männlichen Wertmaßstäben leben, sie tauchen jetzt in Filmen auf, in der Wirtschaft, in der Politik, - das wird teilweise sogar als Emanzipation verstanden - und es gibt Männer, die ihre weibliche Seite tief in ihre Persönlichkeit integriert haben und ihr Leben aus Kraft und Güte heraus gestalten.

In diesem Bewußtwerdungsprozeß, was unsere Stimme angeht, die Stimme in uns, unsere Stimme in der Gesellschaft, die Stimme der Gesellschaft uns gegenüber, müssen wir uns ständig mehrerer Ebenen bewußt werden. Es wird ein großes Unterscheidungsvermögen von uns verlangt.

Eine Ebene ist die, die ‚man‘ herkömmlicherweise als Emanzipation versteht. Also wir Frauen bekommen (wohlgemerkt *bekommen*) ein Stimmrecht zum Beispiel. Unsere aktive Mitwirkung in der Ge-

sellschaft, in der Arbeitswelt, in der Ausbildung, unsere Rechte auf Gesetzesebene. Und so weiter. Ich denke, fast allen von uns ist diese Ebene bewußt, wir kennen die Fragestellung und sehen, daß wir in diesem Punkt schon weiter sind, aber noch nicht viel. An den Schalthebeln der Macht haben wir offensichtlich noch nichts verloren.

Und wenn es um Macht geht, kommen wir zu einer weiteren Ebene unseres Bewußtseinsprozesses, was unsere Stimme angeht. Und die ist schon viel komplexer. Es ist die Ebene mit der Frage, ob diese Stimme, die wir jetzt begonnen haben, in die Gesellschaft einzubringen, ob das wirklich unsere ist, ob das eine weibliche Stimme ist oder nur eine neue Variante des alten Themas. In diesem Fall wäre die Variante nicht mehr, wir sind schwach und der Mann stark, sondern wir sind schwach, schlüpfen in das Gewand des Mannes, spielen, wir wären stark und machen ihn dadurch noch stärker, indem wir sogar seine Methoden übernehmen - oder schwächer, weil diese Art der Stärke immer nur in einer Hierarchie funktioniert. Für uns hieße das allerdings in beiden Fällen, daß wir selbst dadurch noch mehr verschwinden. Seltsamer Vorgang.

Auf der anderen Seite haben wir tatsächlich einen realen Zuwachs an Kraft, Bildung, Erfahrungsmöglichkeiten, Selbständigkeit und Selbstbewußtsein erfahren, wird unsere Stimme zumindest dann gehört, wenn ihr Nichthören Machtverluste bedeuten würde.

Es ist also ein höchst diffiziler Prozeß.

So ist zum Beispiel die Geschichte mit unserer Berufstätigkeit nicht so eindeutig. Sie ist fraglos eine enorme Erweiterung unserer Ausdrucksmöglichkei-

ten. Oft zahlen wir aber einen hohen Preis dafür. Entweder, daß wir unsere Familie verlieren, weil der Mann an unserer Seite unseren Gewinn an Selbstwert nicht verkraftet und sich ein schwächeres Weib sucht oder weil wir vor der Situation stehen, daß wir jetzt beide Welten, Berufsarbeit und Familienarbeit bewältigen müssen. Nicht umsonst wird in ärmeren Ländern die Bildung von Frauen als das sicherste Mittel gegen die Überbevölkerung eingesetzt.

Auch wir selbst bewerten die Berufstätigkeit höher als unsere häuslichen Tätigkeiten. Wieso sagt eine Frau zum Beispiel, sie sei „Lehrerin" wenn sie doch Lehrerin und Hausfrau und Mutter ist? Ist es denn nicht eine zutiefst wertvolle, achtenswerte Arbeit, Kinder zu erziehen, Menschen und Dinge zu pflegen, unsere Umwelt zu gestalten? Auch wir selbst schließen uns wo immer es geht dieser Abwertung an und flüchten auf die andere Seite.

Machen wir hier mal eine kleine Pause. Lehnen wir uns an die Mauer, die da vor uns aufgetaucht ist. Ruhen wir uns aus. So viele Fragen. Denken Sie bitte nicht, Sie bekämen Antwort. Ich verspreche Ihnen, ich bin über das Stadium des Fragenstellens nicht hinausgekommen. Wir tasten uns vorwärts.

Wir tasten uns ein Stück an dieser Mauer weiter und stolpern über eine Schwelle. Da liegen ein paar handgeschriebene Blätter. Ich hebe sie auf. Es ist Marias Brief. Sie erinnern sich - ich hatte sie damals

gebeten, mir doch einmal ihre Gedanken und Erfahrungen aufzuschreiben. Sie schreibt:

„Ich merkte, daß das Nachspüren zu diesem Thema in zwei Richtungen ging: zum einen die Erfahrung, schlichtweg nicht gehört zu werden, als hätte ich gar keine Stimme. Ich höre selten politische Debatten, aber wenn ich es mal zufällig im Radio tue, dann habe ich bei einigen Rednerinnen den Eindruck, daß sie nicht in der ihnen eigenen Stimmlage sprechen. Sie scheinen in dem Versuch, gehört zu werden, ihre Stimme ein Stück zu vergewaltigen. Zum anderen ist es das Gefühl, keine Worte, keine Sprache für das zu finden, was ich zum Ausdruck bringen möchte, bzw. die Erfahrung, nicht verstanden zu werden. Kann es sein, daß es Frauen schwerer fällt, ihr Erleben in strukturierte Sprache zu bringen?“[40]

Kann es sein? Maria trifft auf ihrer Suche nach einer eigenen Stimme auf die Sprache. Deshalb liegt der Brief hier auf der Schwelle. Er führt uns in den Raum der Sprache. Wie wir sprechen, wenn wir sprechen. Es sind die Linguistinnen, die hier herrschen und forschen. Eine von ihnen - Senta Trömel-Plötz - ist mit ihrer Arbeit hier in Deutschland auf solche Schwierigkeiten gestoßen, daß sie jetzt ihren Raum in Amerika bewohnt. Aber ihre Bücher liegen hier noch. Ich schlage eines auf.

Aha, da gibt es also viele Untersuchungen zum Sprachverhalten von Frauen und Männern. Hab ich mir‘s doch gedacht. Da steht:

„Die Tatsachen weisen darauf hin, daß Frauen systematisch unterbrochen werden, d.h. nicht als gleichwertige Gesprächspartnerinnen behandelt wer-

den.“[41] Also, ich glaube, wir kennen das. Interessant an diesem Zitat ist die Haltung der Forscherin – die Frau *wird* unterbrochen, nicht: *sie* läßt sich unterbrechen. Also das handelnde Element ist immer noch im Außen, ist nicht die Frau selbst. Aber sehen wir mal weiter.

„Ferner stellten Frauen mehr Fragen, um überhaupt eine Reaktion des Gesprächspartners zu bekommen (Meinst du nicht auch, daß...) oder um seine Erlaubnis zum Sprechen zu bekommen (Kannst du dir das vorstellen? Darf ich mal etwas sagen?). Frauen führen zwar Themen ein, bringen aber wenige ihrer Themen zu Ende, denn die Ausführung scheitert an den minimalen Reaktionen der Männer. Im Gegensatz dazu unterstützen Frauen die Themendurchführung der Männer, indem sie aktiv zuhören, interessierte Fragen stellen, akzeptierende und ermunternde Einwürfe machen und die Männer anregen, das Thema weiterzuentwickeln.“[42]

Ich bin vor einiger Zeit auf einer Tagung gewesen, wo es um die heilende Kraft des Wortes ging, im Lesen und im Schreiben. Es waren vorher Texte gesammelt worden, in denen die Menschen beschrieben hatten, wie sehr ihnen das Lesen oder Schreiben in einer schweren Krise geholfen hatte. Der größte Teil der Texte war natürlich von Frauen. Denn schließlich hungern wir danach, aus unserer Sprachlosigkeit zu kommen. Es waren viele Fachleute auf dieser Tagung. Mehr Männer natürlich. Aber auch Frauen. Im Rahmen der Podiumsdiskussion erzählte eine ältere Frau von ihren Erfahrungen. Sie war ‚psychisch krank‘ gewesen, hatte sich über einen harten Prozeß

da selbst herausgearbeitet und darüber ein Buch geschrieben, das in der weiß ich wievielten Auflage inzwischen erschienen ist. Sie hat eine uneigennützige Organisation gegründet für psychisch kranke Menschen, die mit großem Erfolg in vielen Städten arbeitet.

Ihre Vortragsweise war leise, zugewandt, humorvoll, ohne jegliche Allüren, sehr persönlich und tief bewegend. Am selben Tag ging die Tagung zu Ende und einer der anwesenden lokalen Psychiater übte sich im Zusammenfassen des Treffens. Er meinte, man bräuchte also erstens ein Medizinstudium mit psychiatrischer Facharztausbildung, zweitens eine psychotherapeutische Ausbildung und drittens ein Literaturstudium, um Schreiben und Lesen als heilendes Mittel einsetzen zu können. Anders dürfe man das nicht, das wäre sonst gefährlich. Er platzte dabei vor Eitelkeit fast aus seinen Anzugsnähten.

Und ich dachte nur, erstens, welche Frau hat genügend Lebenszeit, drei Studien hintereinander zu absolvieren, d.h. Frauen sind schon mal von vornherein ausgeschlossen aus diesem neuen Forschungsgebiet, zweitens, hatte er denn diese Frau mit allem, was sie erzählte über ihre Arbeit und ihre Erfolge überhaupt wahrgenommen? Und drittens - hat er die Liebe vergessen. Aber dafür hatte er das Schlußwort.

Viele von uns kennen solche oder ähnliche Situationen aus eigener Erfahrung und beziehen sie auf sich selbst, daß es etwas mit ihnen persönlich zu hätte, mit einer persönlichen Unfähigkeit. Dem ist nicht so. Lassen Sie uns weitergehen.

Vor einer schmaleren Tür, als die, zu der wir hereingekommen sind, hängt noch einmal ein Zitat von Senta Trömel-Plötz, der Linguistin:

„Die Kombination von eigener innerer Behinderung zusammen mit der äußeren Gesprächskontrolle durch Männer, wenn Frauen wirklich den Mund auftun, ergibt die erdrückende Situation, die wir Frauen in Gesprächen mit Männern kennen und in der viele Frauen immer stiller werden oder verstummen.“[43]

Es ist dunkler im nächsten Raum. Innere Behinderung? Innerer Druck? Nicht so angenehm hier. Jede von uns kennt diesen Raum, aber ihn anzuschauen ist wirklich nicht angenehm. Plötzlich hören wir eine leise Stimme. Wir werden still. Das ist ja die Stimme von Virginia Woolf! Eine von uns hat sie erkannt.

„Virginia, wie ging‘s Dir, als Du zu schreiben begonnen hast, mußtest Du auch mit einer ‚inneren Behinderung‘ kämpfen?“

„Natürlich! Nur daß es bei mir keine Behinderung war, sondern ein Engel, oder besser, eine Engelin. ‚Sie war voll inniger Anteilnahme. Sie war unendlich liebenswürdig. Sie war gänzlich selbstlos. Sie war unübertroffen in den schwierigen Künsten des Familienlebens. Sie glättete, beschwichtigte, opferte sich auf, nahm das Aufgewärmte, wenn nur für einen genug Hühnchen da war, und war kurzum so beschaffen, daß sie nie einen eigenen Wunsch oder Kopf hatte, sondern es immer vorzog, mit den Wünschen und Köpfen anderer übereinzustimmen. So nahm ich immer, wenn ich den Schatten des Flügels oder das Licht ihres Heiligenscheins auf meinem

Blatt spürte, das Tintenfaß und warf es nach ihr. Ich schmeichle mir zwar, ich hätte sie schließlich umgebracht, aber der Kampf war schwer, er erforderte viel Zeit, die man besser darauf verwendet hätte, griechische Grammatik zu lernen oder auf der Suche nach Abenteuern durch die Welt zu streifen.'[44]"

Wir setzen uns auf den Boden. Gemütlich ist es nicht hier. Wir überlegen. Jetzt haben wir also nicht nur Mauern um uns, sondern auch über alle Maßen angepaßte Engel in uns. Ob diese Engel auch sprechen - ich meine, wenn sie sprechen?

Wahrscheinlich reden sie Frauensprache. Ob das allerdings schon die ist, die wir suchen, weiß ich nicht so genau. Ich muß noch mal zurück, da finden wir bestimmt noch ein paar Untersuchungsfetzen.

Also daß Frauen ihre Themen nicht zu Ende kriegen, wissen wir jetzt schon, daß sie darin lieber die Männer unterstützen auch, daß sie mehr Fragen stellen und auch ihre Aussagen gerne in Fragen kleiden, wissen wir auch schon. Jetzt kommt was Neues: „Sie benutzen mehr Pronomina wie *ich, meiner* Ansicht nach, es ist *mir* aufgefallen, d.h., sie sind persönlicher. Frauen gebrauchen öfter *bitte*, Frauen entschuldigen sich mehr."[45] Eigentlich sehr schön, dieses Persönliche, finden Sie nicht?

Frauen sprechen höflicher, benutzen korrekte Formen und weniger Vulgärausdrücke. Gefällt mir auch. Frauen schränken die Sicherheit, mit der sie etwas sagen ein, also *ich glaube*, ich bin mir *ziemlich* sicher, *möglicherweise*, *vielleicht*... Oder sie vergewissern sich ständig mit *nicht wahr*, *meinst du nicht auch, weißt du*...

Stimmt alles. Jedenfalls nach meiner eigenen Erfahrung mit mir. Jetzt geht's weiter. Jetzt kommt noch unsere unsichtbare Teilnahme an der Sprache selbst. Also zum Beispiel Engelinnen gibt's gar nicht.

Es muß nur *ein* Mann in irgendeiner Menge sein, dann sind es Lehrer, Zuhörer, Verkäufer, Engel... Also wir sind immer irgendwo unsichtbar enthalten. Bei den Engeln ist das ja noch in Ordnung, aber - kein Mann würde sich in Schülerinnen, Zuschauerinnen oder Leserinnen enthalten fühlen. Interessant ist ja auch, daß wir in diesem Falle an die männliche Form angehängt werden, Schüler-innen, Engel-innen, also nicht wirklich eigenständige Wörter für uns selbst haben.

Wenn es um den Status des Menschseins geht, ist das männlich. Alle Menschen werden Brüder - vielleicht hat es deswegen noch nicht geklappt.

Wörter, die wir allein für uns zur Verfügung haben, sind sehr oft mit einer Abwertung oder einem minderen Status verbunden. Allen voran die Hausfrau, die Putzfrau, die Mutter, die alte Jungfer, das Frauenzimmer, Hexen, leichte Mädchen, Freudenmädchen, Emanzen, Kaffeetanten, dumme Gänse und Blondinen.

Gut, wir selbst müssen diese Wörter so nicht benutzen - wobei das bei der Hausfrau schon schwierig wird. Wir können von den Schülerinnen und Wissenschaftlerinnen sprechen, wir haben ja auch seit einigen Jahren die Lösung mit dem großen I, aber wie ist es bei: Wer hat *seinen* Lippenstift im Bad vergessen? Jemand spricht über *seine* Entbindung? Man erlebt *seine* Schwangerschaft jedesmal anders? Wer von

Ihnen ist am Anfang unseres Weges heute abend über die grammatikalische Ungenauigkeit gestolpert in meinem Satz: „Ist jemand unter Ihnen, *die* diese Sprachlosigkeit nicht kennt?“

Fast scheint es, als hielte uns die Sprache noch fest.

Uns heute abend nicht. Wir haben einen Faden gefunden. Jenen Faden, der uns weiterführt. Uns an den alten, rauhen Wänden, die wir gestreift haben, vorbeiführt. Einige von uns haben sich an den Mauern gestoßen. An denen, die aus Macht gemauert waren.

„Müssen wir in den nächsten Raum?“ Wir wissen doch noch nicht, was uns da erwartet. Vielleicht hat er ja etwas mit Macht und Wissen zu tun.

„Ich kann Euch weiterhelfen. Kommt herein.“ Es erleichtert uns, wieder die Stimme einer Frau zu hören. Vor allem in diesem Raum.

„Kommt herein und setzt Euch. Ich will Euch ein bißchen erzählen. Ich bin Christine de Pizan und habe in einer Zeit gelebt, als die ersten Universitäten gegründet wurden, also im Mittelalter. Ihr trefft in mir auf die erste Frau in Europa, die sich mit Schreiben ihr Geld verdiente. Ihr könnt also stolz sein auf mich. Ich habe ein Buch geschrieben mit dem Titel ‚Die Stadt der Frauen‘. Es war damals ein utopischer Roman. Ist es heute noch. Leider kann ich euch im Moment nicht mehr darüber erzählen. Wir müssen auf eine andere Arbeit von mir schauen.

Es gab in Frankreich, wo ich lebte, zur damaligen Zeit einen berühmten Roman, den ‚Rosenroman', dessen erster Teil ein Gesang an die Liebe ist, an die höfische Liebe, voll Poesie, voller Bilder und Allegorien. Wunderschön. Der zweite Teil des Romans allerdings war circa 50 Jahre später von einem anderen Autor geschrieben worden, einem Pariser Universitätsprofessor. Und über den habe ich mich maßlos geärgert. Also verfaßte ich öffentliche Stellungnahmen mit sehr genauen Analysen dieses zweiten Teils, natürlich in einer sehr höflichen Sprache, wie es sich damals geziemte.

In diesem zweiten Teil geht nämlich mit dem Verlust der Poesie und des Lobes der geistigen Liebe eine plötzliche tiefe Verachtung der Frau einher. Wir werden auf einmal nur noch als Objekt der Begierde des Mannes dargestellt, d.h. die Liebe dient lediglich noch der Befriedigung männlicher Instinkte. Und dieser Professor ‚beweist' auch noch, daß die Frau seit Evas Zeiten sowieso böse ist, und somit seine Schweinereien ganz in Ordnung wären. Und jetzt sage ich Euch etwas, was ich damals in der Klarheit noch nicht gesehen habe, was aber für Euch von großer Wichtigkeit ist. In diesem Text, in dem sich innerhalb kurzer Zeit die Position der Frau so grundlegend geändert hat, tauchen parallel mit der Abwertung des Weiblichen plötzlich abstrakte Begriffe auf, wie *Vernunft* oder *Intellekt* oder *männlicher Genius*.

Die einseitige Betonung der Vernunft geht also Hand in Hand mit der Abwertung der Frau. Es wird überheblich-moralisch. Die Suche nach dem Geliebten oder der Geliebten ist verschwunden.

Ich war damals tief getroffen. Ich hatte schließlich Zugang zu den Bibliotheken, ich bin eine intelligente Frau. Ich analysierte diesen zweiten Teil, griff die Verluste auf und beschwerte mich über die darin enthaltene Entwertung der Frau. Und dann passierte mir etwas, was ihr auch noch kennt. Ich erfuhr das am eigenen Leib, was ich kritisierte. Nämlich, daß das, was ich sage, nicht stimme, weil ich eine Frau sei, und daß der zweite Teil des Rosenromans hohe Literatur sei, weil wissenschaftlich bewiesen und von einem Professor der Pariser Universität geschrieben."

Christine muß tief Luft holen. Aber sie gönnt sich keine Pause.

„Ich lebte in einer Zeit, in der diese neue Denkweise aufkam. Unsere Sicht- und Erlebensweise war völlig daraus verschwunden. ‚Es ist die Denkweise des Professors, der eine gelehrte Abhandlung schreibt und der hochmütig seine Verachtung für den Rest der Menschheit (wer ist das wohl, ap) demonstriert.‘[46] "

Christine ist aufgestanden. Sie steht vor uns, ein bißchen ernst vielleicht. Schließlich ist es nicht so einfach, so klare Worte zu sprechen, die Frauen 600 Jahre später immer noch erreichen. Wie sie da so steht, erinnert sie uns daran, daß sich Gott sei Dank in den letzten Jahrzehnten Frauen einen zumindest äußerlichen Platz an den Universitäten erobert haben. Natürlich noch nicht in den dortigen Hierarchien, aber immerhin. Nur die Denkungsart ist noch die alte. Der schwierigere Weg, mit unserem weiblichen Wissen dort gestaltend einzugreifen, liegt noch vor uns. Aber es macht froh zu sehen, daß viele Frauen - keineswegs alle - und auch einige Männer an den

Universitäten anfangen, dieses Wissen aufzugreifen, um damit dem Denken wieder seine Ganzheit zurückzugeben.

Wir bedanken uns bei Christine. Ihre mutige Arbeit konnte nicht verhindern, daß diese Art des abgespaltenen Denkens und einseitigen Wissens inzwischen alle Bereiche unseres öffentlichen, wirtschaftlichen und privaten Lebens durchzieht.

Was aber ist denn dann aus der Stimme der Frauen geworden? Wo ist dieser weibliche Aspekt des Menschseins hingeraten? Wohin sind die Frauen damit gegangen? Wohin führt uns der Faden, wenn wir ihm weiter folgen?

Noch im Stellen der Frage öffnet sich vor uns ein großes Tor. Es ist ein schweres Holztor, seine Angeln quietschen. Für eine Frau allein ist es schwierig, es zu öffnen. Aber die Verbundenheit - eine wunderbare weibliche Qualität -, die zwischen uns entstanden ist und unser genaues Nachfragen und vielleicht auch, daß wir uns schon so nah herangetraut haben, sind wohl Öl für die Scharniere. Es öffnet sich. Und dabei wird eine Inschrift im Bogen frei:

Das innere Reich der Frau.

Wir alle wissen, daß wir uns dorthin zurückgezogen haben. Aber jetzt so bewußt in dieses Reich einzutreten, ist schon ein besonders Gefühl.

Wir sind erstaunt - diese innere Welt hier sieht für uns alle gleich aus. Sowohl für diejenigen von

uns, die ganz in weiblichen Rollenbildern aufgegangen sind, als auch für diejenigen, die leben wie ein Mann - nach diesem Tor unterscheidet uns nichts mehr. Es scheint, daß diese innere Welt in beiden Leben keinen Platz hat. Haben wir uns täuschen lassen?

Der Raum scheint sich so oder so durch unser Funktionieren in der äußeren Welt zu verschließen. Wir haben ja gesehen, wieviel Negativbewertung *vor* diesem Tor steht. So verschließen wir es besser. Es ist unser Schutz. Denn kaum sind wir über die Schwelle getreten, nehmen wir eine andere Atmosphäre wahr. Hier scheinen Figuren zu leben, die intime Gespräche führen, Phantasieleben und Phantasietaten huschen an den Wänden entlang. Es ist, als lebte sich hier ein eigenes Leben selbst. Es scheint ein Land zu sein, in das wir uns zurückgezogen haben. Kaum ein Laut dringt nach draußen. Aber irgendwie ist es seltsam verhuscht hier.

Aber was ist es? Wir schwanken. Der Taumel einer ungeheuren Leere erfaßt uns.

„Haltet sie aus, haltet sie aus!“ hören wir, und die Stimme scheint fern und nah zur gleichen Zeit. Wir versuchen, in dieser Leere zu bleiben, in diesem Abgrund von Leere, in dem wir uns so elendiglich schwach und allein fühlen. Aber heute halten wir aus. Bis der Boden unter uns zu wanken beginnt, der Faden, dem wir folgten, sich in einen Strom verwandelt und uns trägt. Erst sanft, dann heftiger. Es ist ein Strom aus Angst und Tränen und tiefer Wut - ein Strom aus Leben. Wir werden so heftig geschüttelt, daß sogar die Leisesten unter uns zu schreien beginnen.

Bis er sich beruhigt. Und wir im Zentrum unseres Labyrinths landen.

Sein Hintergrund liegt in schwarzem Licht. Davor steht ein mit Spiralen und Dreiecken üppig verzierter Alabasterthron. Der Boden ist warm, alles strahlt Fülle aus. Die Wände sind mit Tiergestalten bemalt. Seltene Tiere - mit dem Körper einer Löwin, dem Kopf eines Adlers und dem Schwanz einer Schlange. Funkelnde Spiralen ziehen sich um ihre Kehle. Es duftet weiblich. Lilien blühen. Hier passen wir, hier scheinen wir nicht schwach und an allem schuld. Hier sind wir offensichtlich keine Mängelwesen. Hier sind wir, wie wir sind.

Nie gesehene Schätze blitzen uns aus großen, offenen Schalen und Kelchen an. Aber es liegt noch ein anderer Glanz im Raum. Er scheint aus dem schwarzen Licht hinter dem Thron zu kommen. Ein Liebesglanz.

Auf dem Thron sitzt ein Mädchen. Sie ist ungefähr acht oder neun Jahre alt und lacht uns an. Ihre Augen strahlen. Ihre Hände sind offen.

„Ich freue mich, daß Ihr nach Hause gekommen seid," begrüßt sie uns. „Ein Labyrinth ist wie die Flügel des Schmetterlings. Einen habt ihr durchwandert hierher, über den anderen kommt ihr wieder zurück. Ich sitze hier schon eine ganze Weile. Fast alle von Euch haben mich vergessen. Könnt Ihr Euch noch erinnern, wie es war, als Ihr so alt wart wie ich? Wir waren schon nicht mehr so behütet, durften uns das erste Mal frei in der Welt bewegen. Es waren die kurzen Jahre, bevor all die Bilder von Weiblichkeit sich auf uns legten, bis wir stumm wurden.

Aber ich, ich spreche! Ich habe ein tiefes Gefühl von Gerechtigkeit in mir, von Abenteuergeist und Forscherdrang, ich bin wild und zart, frei und anhänglich, ich habe so ein Gefühl von Lebendigkeit in mir, daß ich fast platzen könnte. So hab ich mich auf diesen Thron gesetzt.

Ich habe Euch vorhin von den Indianern reden hören. Von ihrer Urkultur, in die die Eroberer einbrachen. Auf diesem Thron saß die Priesterin einer unserer Urkulturen. In ihr sorgten die Menschen sich um das Wohl aller. Wir grenzten niemanden aus und niemand herrschte über uns. Wir hatten viel Freude damals. Es gab nicht so viel, um das wir uns streiten konnten, weil alle keinen Besitz hatten, halt nur das, was jede und jeder brauchte. Frauen und Männer hatten ihren Platz nebeneinander, beide waren wichtig.

Unsere Göttin war die des Lebens. Und das Leben schloß den Tod nicht aus. Sie war heiter, voller Erotik und war uns auf natürliche Weise vertraut. Wenn wir unsere Körper zeigten, war das heilig. Wir feierten Feste zu Ehren der Frau, weil wir dieses Geheimnis in uns bergen."

Das Mädchen ist still. Und aus der Stille des schwarzen Lichts hinter dem Thron aus Alabaster hören wir einen fernen Gesang. Es ist wie ein Lied, das wir kennen, ohne es zu kennen.

„Möchtet Ihr das singen in der Welt?" fragt das Mädchen.

Sie sieht einer jeden von uns tief in die Augen, mit einer solchen Liebe, wie sie nur wenige bisher erfahren haben.

Ohne auf eine Antwort zu warten, springt sie von Ihrem Thronsessel, hüpft voraus und ruft: „Kommt, ich gehe mit Euch zurück. Ihr braucht mich. Jede erwachsene Frau braucht mich. Schließlich habe ich schon Pharaonen begleitet, wegen meiner besonderen Qualität. Nehmt soviel von den Schätzen aus den Schalen und Kelchen mit, wie jede von Euch mit ihren eigenen Händen tragen kann."

Mit jedem Kleinod, das wir uns nehmen, scheint eine jahrhundertealte Last von uns abzufallen. All diese Anstrengung, es anderen recht zu machen, all unser Bemühen, doch noch anerkannt zu werden... So wandelt sich unser Schritt. Da geht sich sicherer und aufrechter. Und das Mädchen ist bei uns.

Und wir haben uns unseres heiligen Geheimnisses erinnert.

Das Mädchen geht voraus. „Hier war auf der anderen Seite der Strom des Lebens, der Eure Gefühle erfrischte."

Auf dieser Seite des Schmetterlingsflügels ist eine seltsame Landschaft. Diese Landschaft ist nur sichtbar in der Spiegelung in den Augen einer jeden von uns. Und in den Augen einer jeden spiegelt sich ein Ausschnitt.

In den Augen von Dir sehe ich die Weite einer Wüste im Licht der Morgensonne, in den Augen von Dir finde ich eine Weide voll Dotterblumen an einem

Bachufer und in Deinen das Tal unter dem Schneeberg. Jede von uns ist einzigartig.

„Warum vergleichen?“ fragt das Mädchen.

„Jetzt kommen wir in den Raum, in dem Ihr drüben Christine, die Professoren und die harte Denkungsart getroffen habt. Jetzt müßt Ihr langsam wieder aufwachen. Ihr müßt das verbinden, das, was Ihr innen erlebt habt und das, was Ihr außen vorfindet. Los Anna, erzähl‘ die Geschichte von der Professorin!“

„Welche?“

„Na die von Fatema Mernissi.“

„Ach die. Also. Fatema Mernissi war vom Wissenschaftskolleg in Berlin eingeladen. Und dabei hatte sie das in ‚steife, feste Rituale eingepreßte akademische Publikum zutiefst geschockt, als sie ihre Antrittsrede, in der sie wie das *beste Pferd im Stalle* vorgestellt worden war und der Saal vor kopflastiger Intellektualität nur so vibrierte, in Form eines Märchens begann: ‚Es war einmal‘....begann sie, sich Zeit ließ, lange Pausen machte, in denen sie versonnen vor sich hinblickte, von einer Sprache in die andere wechselte. Sie hatte keine kopierte Vorlage ihrer Rede verteilt, sondern ein kleines Faltblatt drucken lassen. Es sah wie ein Opernprogramm aus, war bunt, voller Cartoons u.ä., und ihr Märchen, besser ihre Fabel, enthielt eine harte Botschaft. ‚Niemand‘, hatte sie gesagt, ‚kann diesen Saal verlassen und noch sagen, er habe es nicht gewußt.‘‘ Dabei ging es um den Fundamentalismus in arabischen Ländern. ‚Der Schock und die Provokation saßen tief. Als die ersten Männer in der anschließenden Diskussion mit gezückten Zetteln, Punkt 1, Punkt 2, Punkt 3, zu ‚Law

and order‘ in der akademischen Landschaft zurückkehren wollten, beantwortete Fatema nicht ihre Kritik und Fragen, ließ sich ihr Referat nicht zerreißen, wie es bei uns symbolischerweise so schön heißt, sondern forderte dazu auf, untereinander zu diskutieren. Sie war das Pferderennen nicht angetreten, sondern saß ruhig und schön, wie eine exotische Blume vor uns, sie plauderte, lachte, redete oder schwieg. Bis einer der Männer im Saal aufstand und sagte: ‚Fatema, ich danke dir. Das war der größte Lernprozeß für mich in den letzten Jahren. Ich war nahe am Herzinfarkt, weil ich so ehrgeizig für Dich war und immer dachte, wann legt sie denn endlich los, warum legt sie bloß nicht los? Bis ich mich endlich einlassen konnte ...‘[47]“

„Das macht Freude!“ sagt das Mädchen.

Wir spüren, daß sie recht hat. Wir spüren plötzlich auch unsere Verantwortlichkeit. Es ist *unsere* Art des Erlebens, das überall fehlt. Was nützt uns zum Beispiel unser sogenanntes ökologisches Bewußtsein, wenn wir die Liebe zur Erde nur denken und nicht wirklich empfinden? Es fehlt Achtung vor dem Lebendigen, dem Heiligen. Es fehlt Bezogenheit, Freundlichkeit, Rhythmus. Es fehlt unser Blick für das, was wirklich wichtig und notwendig ist. Was nützt uns eine Erfindung nach der anderen, wenn wir nicht darauf achten, was sie für alle Menschen bewirkt?

„Manchmal nützen sie schon, die Erfindungen,“ unterbricht das Mädchen meine moralischen Überlegungen.

„Schau, jetzt fahren diese hochwisenschaftlichen Männer in unseren alten schwarzen Kosmos, in jenes Reich, mit dem wir einst so verbunden waren, von dem die Spiralen auf meinem Thron und unsere runden Bäuche erzählen. Und was bringen sie mit? Lauter Erfahrungen. Anna, lies!"

Ich gehorche. Der Astronaut Edgar Mitchell spricht: „Wo vorher intellektuelle Suche gewesen war, regte sich plötzlich ein tiefes Gefühl in mir, etwas sei ganz anders geworden.

Während der Heimkehr staunte ich die Sterne und den Planeten an, von dem ich gekommen war. Da spürte ich mit einem Male die Intelligenz, die Liebe und die Harmonie im Universum."[48] „Ein Blick auf unseren Planeten offenbarte mir einen Schimmer des Göttlichen."[49]

Wir haben verstanden, was das Mädchen uns sagen will. Nichts hat nur eine Seite. Und wir, als die alten Mittlerinnen zwischen Himmel und Erde, sollten vielleicht unsere Stimme weniger benutzen, um zu urteilen. Und mehr unser Lied singen.

„Kommt weiter."

Unsere Führerin hält das Tempo. Für uns ist es nicht so einfach, jetzt so schnell wieder die Räume zu durchschreiten. Schließlich bedeutet es, wieder hier in dieser Welt zu landen. Wir haben Angst, wieder alles zu verlieren, wenn es so konkret wird und uns die Pflichten, Bilder und Erwartungen der anderen wieder einholen.

„Ihr habt jetzt mich. Ihr könnt jederzeit wieder zurück. Wenn Ihr das übt, verbinden sich die Welten.

Hier, der Sprachraum auf der anderen Seite.“

Diesmal fällt mir sofort eine Geschichte ein. Sie wissen ja inzwischen, daß ich nachmittags nichts andere zu tun habe, als mich mit Freundinnen zu treffen. So war das natürlich auch, als ich in der Vorbereitung für diesen Vortrag war, und zwar in der Phase, als ich mich intensiv mit der Frauensprache beschäftigte. Es stimmt nicht ganz - es war noch keine Freundin, sondern eine Frau, die vielleicht eine Freundin wird - kurz gesagt, wir kannten uns noch nicht. Wir hatten uns zu einem Spaziergang verabredet. An der Ecke vor dem roten Haus. Ich stand schon da, als sie kam. Wir waren beide eingemümmelt in Wintermantel, Schal und Mütze. Und nach unserem Handschlag zur Begrüßung, als wir losmarschierten, meinte sie: „Schau mal, wir haben fast die gleichen Mäntel, und einen Schal in derselben Farbe und sogar die Mützen in derselben Farbe.“

Ich stutzte einen kleinen Moment, denn ich trug meinen Lammfellmantel und sie einen Wollmantel, mein Schal war beige, ihrer naturweiß, meine Mütze aus hellem Plüsch und ihre aus beiger Wolle - bis ich dahinschmolz vor Liebe zu uns Frauen und unserer Sprache. Als erstes suchen wir Verbindung, wir nehmen über die Gemeinsamkeit Kontakt auf. Ist das nicht eine wunderbare Begabung in einer Zeit der immer größeren Unverbindlichkeit und Konkurrenz? Ist es in einer solch rauhen Welt nicht reinste Schönheit, höflich, zugewandt und liebenswürdig zu sein?

Natürlich müssen wir dafür sorgen, daß wir uns nicht mehr unterbrechen lassen, daß wir angemessen zu Wort kommen, daß wir unsere Themen zu Ende bringen, daß wir weniger Fragen stellen, wenn wir wissen, was wir meinen, daß wir nicht mehr immer um Erlaubnis bitten, wenn wir etwas sagen wollen. Wir sollten darin auch unbedingt andere Frauen unterstützen. Wir haben ein Recht auf Antwort, auch von unseren Männern. Wir können darauf achten, in der Sprache die weibliche Form zu verwenden. Wir können uns auch Ungenauigkeiten herausnehmen, und von einem Mädchen erzählen, und *sie* weitererzählen lassen.

„Gerne. Aber hütet Euch, ich sage Euch, denn ich leide noch nicht unter dieser Krankheit, hütet Euch vor Eurem Perfektionismus. Natürlich entsteht der, wenn man immer als unvollkommenes Wesen dargestellt wird. Da versucht man, es immer und immer noch besser zu machen. Und fängt andere Frauen an zu kritisieren, weil sie nicht die perfekten weiblichen Formen benutzen (oder haben)! So ein Schmarrn. Die Sprache ist eine Möglichkeit zu spielen. Wie das Leben. Und ich spiele leidenschaftlich gerne."

Dabei fällt *mir* ein, daß ich Ihnen noch nicht die Lehre aus meinem eingegipsten Arm erzählt habe - wieso brauche ich Material für zehn Vorträge, wenn ich *einen* halten will?

Sagte doch kürzlich die Oberbürgermeisterin von Heidelberg:

„Wir haben die Gleichberechtigung erst erreicht, wenn eine total unfähige Frau in eine verantwortungsvolle Position aufrückt.“[50]

„Ihr immer mit Eurer Gleichberechtigung - ihr braucht viel eher eine Eigenberechtigung.“ Unser Mädchen hüpft ins Freie. Wir sind wieder da.

Und wenn wir uns wieder ans Licht des Alltags gewöhnt haben, uns den Staub abgeklopft haben und das Mädchen neben uns auf dem Stuhl sitzt, dann bitte ich noch einmal um‘s Wort.

Ich hoffe, ich war in der Lage, mich so klar auszudrücken, daß Sie nicht verstanden haben, ich meinte, Frauen wären die besseren Menschen und Männer die schlechteren, oder das Denken wäre schlecht und das Empfinden gut, oder Fortschritt wäre schlecht und die alten, matriarchalen Zeiten wären die besseren gewesen. Davon habe ich nicht gesprochen.

Ich habe versucht, davon zu sprechen, was geschieht, wenn wir eine ungleichgewichtige Situation schaffen. Wenn wir vom Ganzen ein Teil nehmen und es höher bewerten als das andere. Wo auch immer. Was passiert, wenn eine Gruppe der Menschheit mächtiger ist als eine andere, wenn wir mit Hilfe eines Denkens Entscheidungen treffen, dem die Liebe und das Empfinden fehlt, was mit einer Frau passieren könnte, die ihr ganzes Wohlwollen nur auf

andere richtet. Etwas, was nicht im Gleichgewicht ist, kippt natürlicher Weise um. Etwas, das nicht im Gleichgewicht ist, verliert jegliche lebendige Dynamik, sei's als Stillstand oder als Zerstörung. Das ist das Gesetz des Lebens.

Phoolan Devi war aus der untersten indischen Kaste und wurde über Jahre schwer mißbraucht und vergewaltigt. Sie verließ ihr Heimatdorf, gründete eine Bande, raubte und verteilte das Geld an die Armen. Sie tötete der Reihe nach ihre Vergewaltiger, kommt dafür ins Gefängnis und wird nach zehn Jahren freigelassen. Heute ist sie Parlamentsabgeordnete und bekennt sich zur Gewaltlosigkeit. Sie kann weder lesen noch schreiben und sagt. „Ich werde meine Stimme erheben, solange es Unrecht gibt."

Wir sehen auf der ganzen Welt, in fast allen Kulturen, ein Ungleichgewicht zwischen Mann und Frau. Und wir sehen auf der ganzen Welt ein Ungleichgewicht zwischen den Völkern und zwischen Bevölkerungsgruppen und sehen, wohin uns das geführt hat.

Das eine hat mit dem anderen etwas zu tun. Es besteht ein Zusammenhang zwischen dem Ungleichgewicht der Geschlechter und dem Zustand unserer Erde.

Und wenn wir jetzt unsere Hände leeren und unsere ganzen Schätze, die wir aus unserem Inneren mitgebracht haben, vor uns ausbreiten, wird mit ihrer Hilfe ein neues Bild von Frau entstehen. Das wird unsere kleine, private Welt und die große verändern.

Diesmal gestalten wir dieses Bild selbst. Dann entspricht es uns.

Stellen Sie sich einmal neben diesem Fabelwesen, das wir täglich an den Reklamewänden und im Fernsehen vorgegaukelt bekommen, neben diesem dürren, unerfahrenen, hinternschwenkendem Ding - ich sage Ding! -, dieser aalglatt grinsenden substanzlosen Mama, dieser nimmermüden jungen, perfekten Erdlosen, eine Frau vor, die sich ihrer Aufgabe in der Welt bewußt ist. Die weiß, daß sie die Hüterin des Lebens in seiner Ganzheit ist.

Und ich wollte Sie jetzt nicht erschlagen mit der Größe unserer Aufgabe, sondern wollte uns Mut machen. Wir trauen uns ja immer nicht, etwas für uns zu tun. Wenn wir aber wissen, daß dieses Etwas für die Allgemeinheit ist, dann fällt es uns leichter. Also, der Weg einer jeden von uns in ihr eigenes Gleichgewicht bringt unsere Welt ein ganz klein wenig mehr in ihr Gleichgewicht. Ist das nicht wunderbar? Macht das nicht Mut? Klingt dieser Stein nicht aus leuchtender Tiefe? Nach so langer Zeit werden wir uns wieder der Bedeutung unserer Stimme bewußt. Unsere Stimme ist zuallererst unser *Sein*. Dann erst kommt Sprache, Handeln, Tun, das, was wir zu sagen haben

Was das für jede einzelne von uns bedeutet, ist so individuell. Was würde Ihr Leben ins Gleichgewicht bringen?

Wir haben nur soviel Steine und Schätze mitgebracht, wie eine jede selber tragen kann. Gehen Sie den nächsten Schritt. Alle anderen kommen von alleine. Sagen Sie Ihrem Mann, wie Sie sich wirklich fühlen. Schmeißen Sie Ihr erwachsenes Kind aus dem Haus, wenn Ihnen danach ist. Haben Sie den Mut, diese Ausbildung zu beginnen, die Sie schon so lange anfangen wollten. Wir können nur Erfahrungen sammeln. Sagen Sie nur dann ja, wenn Sie ja meinen.

Tun Sie einfach nichts - wir haben ein Recht, da zu sein, ohne etwas dafür tun zu müssen. Fällen Sie eine eigene Entscheidung, auch wenn sie einem anderen nicht gefällt. Lassen Sie nicht locker, bis Sie verstanden werden. Bringen Sie Mut zu Ihrem eigenen Rhythmus auf. Also, wieso hetzen Sie.

Dulden Sie nicht, daß Sie berührt werden, wenn Sie es nicht wollen. Machen Sie den Mann nicht so groß, machen Sie nicht ihn für Ihre Enge verantwortlich, verlagern Sie nicht Ihre Freiheit auf ihn.

Damit schaffen Sie Raum, für sich und die Liebe.

Vergessen Sie nicht dieses Mädchen in sich. Jenes Mädchen, das die Pharaonen begleitete, ob seiner Besonderheit. Es ist experimentierfreudig und wagemutig. Es weiß was vom Leben,

Das, was wir zu sagen haben, bringt unsere Welt wieder in Balance.

Keine von uns kann so einen Schatz alleine tragen. Wir können nur die ein, zwei Töne, die jede von uns zur Verfügung hat, zum Klingen bringen. Nicht

mehr. Das ist das menschliche Maß. Aber wenn wir das alle tun?

Wenn das Licht hier so auf diese edlen Steine fällt, ist es, als kämen Sie in Schwingung. Ihr Klang erinnert uns. Singe Dein Lied. Singe *Dein* Lied. *Singe* Dein Lied.

Am Tisch der Sehnsucht

Frauen auf dem spirituellen Weg

Ich muß gestehen, es ist mir noch nie so schwer gefallen, einen Vortrag zu schreiben wie diesmal. Nicht, daß ich nicht schreiben könnte, nicht, daß ich nicht ein inneres Bild zum Thema gehabt hätte, nein – ich denke eher, es liegt in der Natur der Sache, *worüber* ich erzählen wollte. Kann man denn wirklich über Erfahrungen des spirituellen Lebens erzählen? Ich meine *wirklich*.

Vielleicht in Paradoxen – und Sie werden einige davon zu hören bekommen. Oder man schweigt, geht zusammen in die Stille. Was natürlich eine etwas ungewöhnliche Art wäre, einen Vortrag zu halten. Im Übrigen ist es auch gar nicht so einfach, „in die Stille zu gehen“. Es verlangt eine gewisse Übung, so von etwa zehn, zwanzig, dreißig Jahren. Und bei uns Frauen kommt noch etwas anders dazu – wir meinen oft, uns stünde bei diesem Üben etwas im Weg. Und davon möchte ich dann doch – in aller Demut – heute erzählen.

Ich beginne mit zwei Bildern aus meinem eigenen Leben. Das eine ist ein Bild aus meiner Kindheit. Ich bin vielleicht zwölf Jahre alt und sitze an einem warmen Sommerabend am Ufer des Sees, an dem ich aufgewachsen bin und träume so vor mich hin. Die Sonne geht langsam unter, das Wasser, der Himmel verlieren sich ineinander in ihren brennenden Farben. Und ich bin gepackt von brennender Sehnsucht. Eine Sehnsucht so stark, daß ich das Gefühl habe, mein Körper schmerzte davon.

Das zweite Bild ist ungefähr zwanzig Jahre später, ich bin Anfang dreißig. Dazwischen liegen zwanzig Jahre, in denen ich heftigst alles Mögliche und vor allem Unmögliche versucht hatte, um diese Sehnsucht zu stillen. Ich stehe im Arbeitszimmer meiner neuen Berliner Altbauwohnung, habe alles, was ich mir gewünscht hatte, einen Mann, der mich liebt, endlich Geld nach den langen Entbehrungen der Studienzeit, habe neben meiner florierenden Praxis noch einen Lehrauftrag an der Uni und stehe da - und bin zutiefst erschüttert. *Das* kann es doch nicht gewesen sein! Nichts, aber auch gar nichts hatte sich geändert - trotz all meiner Bemühungen war die Sehnsucht geblieben. Im Grunde schien sie mir sogar noch größer und tiefer geworden zu sein.

Ein paar Wochen nach dieser Erschütterung bin ich meinem ersten spirituellen Lehrer begegnet. Der legte seinen Kopf zur Seite, lächelte mich an und sagte nur: „Es ist deine Sehnsucht nach Gott."

Das löste damals in mir zweierlei aus - ein absolut tiefes Gefühl von Endlich-Zuhause, von Angekommen-Sein, endlich hatte die Sehnsucht etwas, wohin sie gerichtet war. Auf der anderen Seite war

heftigster Widerstand, denn ich war Atheistin, eine intensiv Suchende zwar, aber mit Gott hatte ich nichts am Hut. Eine „große Kraft“ nach Art der Indianer hätte ich noch durchgehen lassen, aber Gott...

Ich war mit 18 Jahren aus der Kirche ausgetreten, weil ich dort nicht fand, was ich suchte, ohne zu wissen, was ich suchte. Heute weiß ich, daß es die mystische Erfahrung war. Karl Rahner spricht diese Erfahrung an, wenn er von der Zukunft der Kirche spricht: „Ein mystischer Christ oder keiner.“[51] Ohne diese Art der Erfahrung wird die Welt des 21. Jahrhunderts untergehen, sagen mehr oder weniger mit denselben Worten Albert Einstein, Ayya Khema, Martin Buber, Andre Malraux, Jörg Zink und viele, viele andere.

Und damit wir uns verständigen können, möchte ich an dieser Stelle einmal kurz innehalten, und zwar, um einige Begriffe zu klären. So gut es geht.

Ich habe zum Beispiel von ‚Spiritualität‘, vom ‚spirituellen Lehrer‘ gesprochen. Wir denken dabei oft zuerst an den indischen Guru in wallenden Gewändern, vor dem ich im Staub liege und der mich verführt. Das kann es schon auch geben, ja. Alles hat seine Zeit. Aber erst einmal ist ein spiritueller Lehrer ein ganz normaler Mensch. Er oder sie könnte hier um die Ecke wohnen und ein einfaches, normales Leben führen. Niemand müßte ihn oder sie als solchen von außen erkennen. Es ist ein geistiger Lehrer oder eine geistige Lehrerin. Nicht geistlich, bitte. Geistig. Der Geist ist weit wie die Unendlichkeit. Geist aber auch nicht im Sinne von Intellekt, von

Verstand, sondern das Innerste, Wesensmäßige unserer Seele betreffend.

Oft werden auch Spiritualität und Spiritismus in einen Topf geschmissen. Die Spiritisten sind die Gläserrücker, PSI-Forscher, Lauscher auf Totenstimmen und ähnliches. Das hat nichts, aber auch gar nichts, mit dem zu tun, was es bedeutet, wenn wir einem spirituellen Pfad folgen. Das ist die tiefe Schulung und Wandlung eines Menschen bis er Mensch geworden ist. Das ist kein Spiel. Es betrifft uns ganz, mit Haut und Haar und absolut.

Fast alle spirituellen Wege stammen aus dem Inneren der unterschiedlichen Religionen. Dieses Innere der Religion ist die eigentliche Bedeutung von „esoterisch". Es war das, was einst in den Religionen geheim und verborgen war.

In allen Religionen gibt es diesen inneren Weg. Oft denen, die Funktionen von Macht in der äußeren Religion übernommen haben, ein Dorn im Auge. Deshalb verborgen. Verborgen auch, weil es immer die tiefste, eigene Erfahrung betrifft. Die innere Religiosität sucht ihr Wissen nicht im Glauben, sondern in der Erfahrung. Das ist die ursprüngliche Bedeutung von Esoterik.

Menschen, die einen Pfad dieser inneren Religion gehen oder gegangen sind, nennt man in unserer Begrifflichkeit Mystiker oder Mystikerinnen. Sie folgen also einem spirituellen Weg. Oft nennt man sie auch Heilige. Wobei nicht alle Heiligen Mystiker waren.

Die Mystikerinnen sind also die, die Gott zu erfahren suchen.

Wir leben nun in einer Zeit, in der in allen Religionen das einst geheime Wissen zugänglich geworden ist. Und zwar überall auf der Welt. Ich kann mir das nur so erklären, daß die Zeit reif dafür ist. Zeitgleich leben wir in einem extremen Mangel. Wenn wir in der Geschichte zurückschauen, findet sich keine Zeit, in der Religiosität im weitesten Sinne *so* tabuisiert war wie heute.

Ein drittes Phänomen unserer Zeit ist eine Bewegung zwischen den Geschlechtern, die danach strebt, Frauen und Männern einen ebenbürtigen Platz zu gestalten. Also: Die Öffnung des spirituellen Wissens, die Tabuisierung der Religiosität und die Rückbesinnung auf die Ebenbürtigkeit der Menschen geschehen zeitgleich. Ich werde später noch einmal auf diesen spannenden Punkt zurückkommen.

Ansonsten enden hier meine Versuche, Begriffe zu klären. Der Mystiker, sagt Martin Buber „kann das Unsagbare nicht sagen. Er sagt das Andere, Bilder, Träume, Gesichte; die Einheit nicht. Er redet, er muß reden, weil das Wort in ihm brennt.....Und er redet, redet, er kann nicht schweigen, es treibt ihn die Flamme im Worte, er weiß, daß er es nicht sagen kann, und versucht es doch immer und immer wieder...“[52]

Und so sprechen, stottern, singen, lehren die Mystikerinnen aller Richtungen und Zeiten immer wieder in Paradoxen das Unsagbare, das nur erfahren werden kann.

Leider sind jetzt unser Thema heute nicht die Mystikerinnen. Was ich aber noch einmal versuchen möchte zu verdeutlichen, ist der Aspekt der äußeren

und inneren Religion, der exoterischen und der esoterischen Religiosität.

Immer wieder wird dafür das Bild des Rades gebraucht. Stellen Sie sich ein Rad vor, außen mit einem Reifen, innen mit Speichen und Nabe. Der Reifen symbolisiert die verschiedenen Erscheinungsformen von Religion, das Christentum, Judentum, den Buddhismus, usw. Wie man betet, was geglaubt wird, welche Regeln es gibt. Alle schauen nach außen von ihrem Standort aus und sehen natürlich etwas Verschiedenes. Zur äußeren Religion gehören Vorstellungen von Gut und Böse, von richtig und falsch, also das Dogma. Meistens finden wir in den äußeren Erscheinungsformen auch Machtstrukturen - vor allem uns Frauen gegenüber - verbunden mit der Vorstellung, eine Religion wäre besser als die andere. Und Gott - oder wie auch immer ES genannt wird - ist in der äußeren Religion außen. Im Himmel zum Beispiel.

In allen Religionen gibt es aber noch einen inneren Strom, ein inneres Fahrzeug. Bei den Juden zum Beispiel die Kabbalisten und die Chassidim, im Buddhismus die Wege des Zen, im Christentum die christlichen Mystiker, im Islam die Linien der Sufis, bei den Hindus die Advaitalehre. Das sind gleichsam die Speichen unseres Rades. In allen diesen Wegen geht die Ausrichtung nach Innen. Alle schauen auf die Nabe, auf das EINE in der Mitte. Und je tiefer wir eintauchen in diese inneren Wege, desto mehr wird deutlich, wie ähnlich ihre zentralen Aussagen sind, weil sie der Nabe, dem Nichts, immer näher kommen. „Wenn die Seele in das Eine kommt," sagt

Meister Eckart, “so findet sie dort Gott als in einem Nichts.“[53]

In unserer Zeit haben sich mehr und mehr diese mystischen Pfade von den äußeren Religionen abgelöst, befreien sich gleichsam aus den zu eng gewordenen Strukturen. Man kann jetzt zum Beispiel als praktizierende Christin einer Schule des Zen folgen, man kann den Sufi-Weg gehen ohne Muslimin zu sein, man kann sich als Buddhistin tief mit den christlichen Mystikern verbinden. Offensichtlich ist das eine Notwendigkeit unserer Zeit. Es sind auch die Vertreterinnen und Vertreter dieser inneren Strömungen, die mit viel Engagement den Dialog zwischen den Religionen suchen, weil sie wissen, daß die Religionen in ihrer Essenz Eins sind. Da ist viel Bewegung im Moment.

Viele Menschen sind zufrieden im Praktizieren der äußeren Religion. Und das ist gut so. Für sie ist das der richtige Weg. Andere sind nicht damit zufrieden. Wir sind verschieden. Den anderen bleibt die Sehnsucht. Jene einzige große Sehnsucht. „Hätten die Nüchternen einmal gekostet, alles verließen sie und setzten sich zu uns an den Tisch der Sehnsucht, der nie leer wird.“ (Novalis)

Setzten wir uns also an den Tisch der Sehnsucht. Was geschieht dann mit uns? Mit uns Frauen?

Also angenommen, wir haben einen Weg gefunden, ein Fahrzeug, das uns trägt, einen Lehrer, eine Lehrerin, die uns führen. Wie auch immer. Da ist wahrscheinlich erst einmal dieses große Gefühl, end-

lich zu Hause zu sein, angekommen zu sein. Eine lebenslange Suche hat ihr Gefährt bekommen. Was dann geschehen kann - wir sind verschieden - ist, daß wir am Anfang Erfahrungen bekommen von großem Glück, von großer Tiefe und Seligkeit oder visionärer Kraft, die uns für lange Zeit auf dem Weg halten werden. Nachdem dieser enorme Einbruch ins Leben geschehen ist, sichtbar oder unsichtbar, beginnt auch auf dem Weg so etwas wie - fast scheue ich mich, es zu sagen -, so etwas wie Alltag. Aber Alltag in seiner tiefsten Bedeutung: All - Tag. Der gesamte Kosmos in unserer kleinsten Verrichtung. Nichts ist getrennt. Und eben auch Alltag.

Natürlich sind auch unsere Lehrer, sind auch Mystiker ganz normale Menschen. Und wir wissen, welche Folgen es für uns Frauen durch die Strukturen der äußeren Religionen gab und gibt. Und natürlich spiegeln sich diese Strukturen auch noch in den einzelnen Schulen der inneren Pfade. Mehr oder weniger. Und vor allem spiegeln sie sich in uns selbst.

Auf der Ebene der Seele sind wir alle gleich. Frauen und Männer. Die Seele geht zu Gott. Aber wir Frauen unterscheiden uns von den Männern darin, was wir auf diesem Weg hinter uns lassen oder überwinden müssen. Nun ist es so, daß wir seit Jahrhunderten, seit Jahrtausenden (viele mystische Traditionen sind schon sehr alt) in fast allen Kulturen dieser Erde eine patriarchale Struktur haben. Und das hat natürlich auch Abdrücke in den mystischen Pfaden hinterlassen. Alle ältere mystische Literatur, fast alle Texte, fast alle Praktiken und Übungen sind an der Realität des Mannes ausgerichtet.

Es gab zwar immer in allen Strömungen auch Frauen - aber wenige. Eine Ausnahme sind da die christlichen Mystikerinnen des Mittelalters. Interessanterweise sind sie in Erscheinung getreten zu einer Zeit, als drei Religionen sehr eng nebeneinander existierten, es also Offenheit und Berührung unter den Religionen gab. Aber das ist lange her, und die meisten von ihnen waren Nonnen - und wir, wir leben jetzt, haben einen Beruf und / oder Familien und wollen vielleicht nicht ins Kloster, trotz unserer brennenden Sehnsucht.

Wenn wir dann also in den ‚spirituellen Alltag' übergehen, dann stoßen wir des öfteren auf das, was ich am Anfang genannt habe: ‚Etwas steht uns im Weg'.

Ich möchte dazu jetzt einmal drei Punkte herausgreifen, die besondere Achtsamkeit und Würdigung verlangen. Sie helfen uns vielleicht, uns nicht mehr - auch auf dem Pfad - mit dem Mann zu messen, sondern im Laufe der Zeit Vertrauen in *unseren* Weg zu entwickeln.

Erst einmal brauchen wir auf dem Pfad die Gabe der Unterscheidungsfähigkeit.

Wir haben über einen langen Zeitraum gelernt, demütig, unterwürfig, aufopfernd gegenüber dem Mann zu sein, so daß sich in uns ein tiefes Muster geprägt hat. Vielfach ist dieses Muster ja auch in einem religiösen Kontext entstanden. Und dort ist Gott im Außen, ein Mann vertritt ihn und wenn wir dem Mann dienen, dienen wir Gott. Und alles, zu

dem uns die innere Sehnsucht treibt - Demut, Hingabe, Dienst - ist völlig überschattet durch diese äußere Ebene.

Auf dem spirituellen Pfad geschieht aber das Umgekehrte, durch die Demut, die Hingabe, den Dienst an das Innerste vom Innersten unseres Herzens, an das, was ohne Namen ist, richten wir uns auf, wir werden Mensch in all unserer Würde. Aber es braucht für uns Frauen lange, oft sehr lange, dieses Bedürfnis nach Hingabe von außen nach innen zu richten und diese Ebenen wirklich unterscheiden zu können.

Das ist ein wichtiger Punkt. Was wir uns auch genauer anschauen müssen, ist die Unterscheidung von gesellschaftlicher, psychologischer und spiritueller Ebene. Alle drei Ebenen haben gleichsam ihre Zeit. In diese Ebenen schleicht sich nun leicht unsere Entweder-Oder-Mentalität, unser Denken in Dualität. Also: Wenn ich spirituell bin, betätige ich mich nicht mehr in der Gesellschaft, sondern nur noch in meiner Höhle. Oder: Wenn ich einmal angefangen habe, psychologisch an mir zu arbeiten, dann muß ich das den Rest meines Lebens tun - anstatt mich endlich um das Wesentliche zu kümmern.

Die Fähigkeit zu unterscheiden geht noch viel tiefer. Sie rüttelt an unserer Selbständigkeit und Verantwortung. Das heißt, ich richte mein Handeln nicht nach irgendeiner von außen kommenden Norm aus, sondern ich höre auf die Stimme in der tiefsten Tiefe meines Herzens. Und dort gibt es keine Prinzipien. Was dort heute, in diesem Augenblick, in dieser Situation, an diesem Ort, mit diesem Menschen richtig ist, kann morgen, an einem anderen Ort, mit einem

anderen Menschen schon wieder ganz anders aussehen. Alles unter dem Himmel hat seine Zeit.

Der zweite Punkt, der unsere Achtsamkeit verdient, betrifft die Selbsterkenntnis.

Etwas, das allen Wegen in allen Kulturen gemeinsam ist, ist die Notwendigkeit der Selbsterkenntnis. „Erkenne dich selbst, dann erkennst du Gott", sagen die Sufis. „Mensch sein heißt, ein Erkennender zu sein", sagt Ramakrishna.[54] Meister Eckhart mit seinem ‚weglosen Weg' sagt einfach: „Gott ist drinnen."[55]

Wenn Gott also als das Innewohnende eines jeden Menschen erfahren werden kann, müssen wir diese innere Wohnung suchend betreten. „Geht hinein, meine Töchter," sagt Teresa von Avila, „geht hinein in das Innere."[56]

In allen mystischen Traditionen geht es um die Erfahrung eines Einsseins, ob sie nun Erleuchtung, Unio mystica, heilige Hochzeit oder wie auch immer genannt wird. Der Weg dorthin ist tiefste Innenschau.

Nun ist Selbsterkenntnis für keinen Menschen etwas Einfaches. Das ist gar keine Frage. Aber für *einen* Teil der Menschheit hat sie zusätzlich noch eine besondere Qualität, - diesem Teil der Menschheit wurden über Jahrhunderte, Jahrtausende die Kräfte des Bösen zugeschrieben und der Mut zum eigenständigen Leben und Handeln abgesprochen. Dieses tiefe Gefühl in uns, daß wir ‚in Wirklichkeit' doch böse und schuldig sind, verhindert so oft tiefe Selbsterkenntnis. Denn wenn ich bewußt oder unbewußt davon ausgehe, daß es sich bei der Suche in

meiner Tiefe *endlich* beweisen wird, daß ich böse, schlecht und schuldig bin, dann werde ich mich doch hüten, dorthin zu gehen. Zumindest ist es mit sehr großen Ängsten behaftet. Und um Angst zu überwinden brauche ich Mut.

Dann kann ich wirklich schauen. Mit Liebe. Nur mit Liebe. Selbsterkenntnis geschieht nur in Liebe. „Man kann etwas nur soweit erkennen als man es liebt", sagt Augustinus.[57]

Liebe wird erfahrbar auf jedem Pfad. Schritt für Schritt. Sie bringt eine Dynamik der Wandlung mit, die mit keiner sonstigen Kraft zu vergleichen ist. Getragen von dieser Liebe kann ich die kühnsten Sprünge in mein Inneres wagen.

Hierin unterscheidet sich auch die psychologische Arbeit vom Prozeß, wie er im Fahrzeug eines spirituellen Weges verläuft. Zusätzlich zur Dynamik der Liebe bedeutet ein spiritueller Pfad Beschleunigung, und das heißt, daß sich das Tempo dieses Wandlungsprozesses in uns erhöht und damit auch seine Intensität. Wir werden gleichsam auf eine Welle von Energie genommen, die uns trägt und treibt.

Kennen Sie viele Frauen, die liebend auf sich selbst schauen?

Natürlich taucht da viel in uns auf, wenn wir den Blick nach innen richten. Und das ist gut so. Alles darf da sein. Das legt die Kräfte frei. Vitale Kraft, die gleichsam unter der Erde geboren wird, die für mich heilig ist. Denn mit ihr erkennen wir unsere eigene - einst abgewertete - Lebendigkeit und damit den Respekt vor dem Leben im Ganzen.

Dieser schwierige Blick auf uns selbst hat auch noch einen weiteren Aspekt. Wenn wir nicht in der Lage sind, auch auf unsere dunklen Seiten zu schauen, die wir selbstverständlich auch haben, da wir eben Menschen sind, dann wirkt das Dunkle im Verborgenen. Und das hat verheerende Auswirkungen. Unser globales Schuldgefühl verhindert den genauen Blick auf uns selbst. Und dadurch übernehmen wir nicht wirklich unsere Verantwortung und - so wurzelbitter das ist - genau damit machen wir uns schuldig.

„Der Gedanke, wir würden in den Himmel kommen, ohne in uns zu gehen, ohne uns selber zu erkennen, ist töricht und widersinnig," sagt Teresa von Avila.[58]

Das dritte Thema, auf das ich schauen möchte, betrifft unsere Fähigkeit, auf ein Ziel hin ausgerichtet zu bleiben. Um wirklich einem Pfad zu folgen ist es notwendig, eine absolute innere Ausrichtung zu halten. Dieser Punkt ist für einen Mann nicht solch ein Problem, er hat die Kraft des Zielgerichtetseins in sich. Aber für viele von uns Frauen bedeutet das auch heute noch eine gewisse Arbeit.

Ich will das einmal mit einem einfachen, äußeren Beispiel verdeutlichen. Stellen Sie sich eine sogenannte ‚normale' Familie in unseren Breitengraden vor, Vater, Mutter, Kinder. Und der Mann sagt, o.k., ich gehe jetzt eine Stunde meditieren. (Wobei ich hier mit „meditieren" keine Entspannungsübung meine, sondern wirkliche spirituelle Praxis.) Er wird aufstehen, sich in ein oder sein Zimmer zurückzie-

hen, die Tür hinter sich zumachen und meditieren. Derweilen wird die Frau - ohne daß es eigens erwähnenswert wäre, - für die Kinder und für Ruhe sorgen. Allgemein wird angenommen, daß dieser Mann gewiß seinen spirituellen Fortschritt erzielen wird und die kinderhütende Frau nicht.

Aber was wissen wir? Was *ist* spiritueller Fortschritt? Gibt es das überhaupt?

Wenn wir uns jetzt das gleiche Szenario vorstellen, nur umgekehrt, dann sieht das etwas anders aus. Zum einen wird diese Frau meinen, sie könnte diesen Satz ‚O.k., ich gehe jetzt eine Stunde meditieren' nicht *jetzt* sagen, sondern erst, wenn alles erledigt ist. Der Punkt ist nur, daß es zum Wesen von Hausarbeit und Kinderversorgung gehört, daß sie nie zu Ende gehen.

Also, angenommen, unsere Frau hat bereits soviel innere Ausrichtung, daß sie den Satz sagen kann, dann ist es ziemlich wahrscheinlich, auch noch zu Beginn des 21. Jahrhunderts, daß sie den Mann bitten muß, sich in der Zeit um die Kinder zu kümmern. Wie wir wissen, kann da so allerhand geschehen, wenn wir eine solche Bitte äußern. Und wohlgemerkt - all diese Mechanismen wirken in uns, auch wenn wir gar keine Kinder haben oder die Kinder schon groß sind oder nicht einmal ein realer Mann da ist.

Der nächste Schritt ist dann, tatsächlich aufzustehen. Sagen *und* tun. Das kann für manche Frau sehr schwierig sein.

Dann gibt es da die Raumfrage. Immer wieder höre ich von Frauen, daß sie große Schwierigkeiten haben, für sich ein eigenes Zimmer geltend zu machen.

Gehen wir mal davon aus, die Frau hat es geschafft, den Bügelkorb stehen zu lassen und sich im Schlafzimmer - dem einzig zur Verfügung stehenden Raum - wohlzufühlen, dann muß sie die Tür zumachen. Diese Tür bleibt nicht den kleinen Spalt offen, um zu hören, was außen geschieht. Sie muß sie ganz schließen, um irgendwann in der Stille zu sein. Sie muß sie ganz schließen, und das nicht nur wörtlich, sondern auch übertragen. Und was das heißt für uns, die wir unser Leben erst spüren, wenn wir in Beziehung zu irgendwem – Mann – Kind - sind... Wir ahnen es. Aber alles andere wäre Stückwerk. Die Wahrheit will uns ganz. „Nie hat ein Mensch irgendeines Dinges so sehr begehrt, wie Gott begehrt, den Menschen dahin zu bringen, daß er ihn erkenne," sagt Meister Eckhart.[59]

Für eine Frau kann also eine ‚kleine spirituelle Übung' einen Entwicklungsprozeß von mehreren Jahren bedeuten Und dieser Entwicklungsprozeß *ist* schon ein Teil unseres Weges. Nur – darüber gibt es noch wenig Literatur, wenig Erfahrung, weil wir bisher fast ausschließlich männliche Literatur zu diesem Thema haben. Ein schönes Beispiel dazu habe ich bei Therese von Lisieux. gefunden. Sie meinte am Anfang ihres Weges, sie fühle in sich „die Berufung zum Krieger, Priester, Apostel, Kirchenlehrer und Märtyrer."[60] Später, als sie sich dann ihres Weges sicher war, sagte sie: „Endlich habe ich meine Berufung gefunden. Meine Berufung ist die Liebe! ...nur die Liebe zählt!"[61]

Wenn wir also eine so große Begabung haben, nämlich die Fähigkeit, uns sensibel auf andere einzustellen und für sie zu sorgen und wenn diese Bega-

bung auch eine Kehrseite hat, nämlich, daß wir vor lauter Schauen auf die anderen unsere innere Ausrichtung verlieren - dann ist das eben so. Dann gehört das zu *unserem* Weg.

Es gibt einen wesentlichen Punkt, der *hinter* all den schon erwähnten steht, über den wir auf unserem Pfad immer wieder - mehr oder weniger bewußt – stolpern und der uns fürwahr in den Knochen sitzt – und das ist die Trennung von Geist und Materie. Und dabei ist der Geist positiv und männlich und die Materie ist vom Teufel und damit weiblich. Das ist jetzt vielleicht klischeehaft ausgedrückt, aber es sitzt uns noch viel tiefer in den Zellen, als es uns bewußt ist.

Praktisch heißt das, daß wir keine Bilder haben von einer Verbindung von realem, ganzem Frauenleben und Spiritualität. Die Bilder, die wir haben, sind Entweder-oder-Bilder: Also wenn Spiritualität, dann Kloster oder Höhle – oder eben ohne, aber mit Mann und Kindern. Oder wenn mit Mann und Kind *und* Geist, dann bitte blutleer, marianisch, d.h. wesentliche, vor allem zutiefst vitale Aspekte des Frauseins müssen abgeschnitten werden.

Und dazu erzähle ich Ihnen jetzt eine Geschichte. Eine Geschichte über ein Frau voller Sehnsucht, eine Frau, die gewiß großartig ihre innere Ausrichtung hält, aber noch keinen Weg findet, ihre starke Sehnsucht und Ausrichtung in ihr Frauenleben zu integrieren. Neben diesem Thema erzählt uns die Geschichte noch von einigen anderen Aspekten des Weges, deren Beleuchtung vielleicht helfen kann.

Es ist eine Geschichte aus dem Tibet des 11. Jahrhunderts. Da die Geschichte in Tibet spielt, stammen natürlich die religiösen Bilder aus der anderen Kultur. Deshalb möchte ich Sie bitten, sich jetzt nicht an dem einen oder anderen Begriff festzuhängen. Die Heldin in unserer Geschichte möchte immer den ‚Dharma praktizieren' - das ist ihre Ausdrucksweise für das, was wir vielleicht nennen würden: Einem spirituellen Weg folgen, die Nachfolge Jesu antreten, Zen üben, Gott suchen. Es ist in der Essenz nicht wichtig, wie wir es bezeichnen.

Nangsa – unsere Heldin - ist ein wunderbares Kind und ihre Eltern loben ihre Freundlichkeit, ihre Schönheit, ihren Geist, ihr Mitgefühl. Es ist ein langer Gesang, der damit endet, daß sie sagen, es sei wundervoll, eine Tochter wie sie zu haben. Aber Nangsa erwidert: „Höret, Vater und Mutter! Ohne Zweifel seid ihr meine Eltern, aber ich habe meine äußeren, inneren und geheimen Eltern."[62]

Das ist der erste Hinweis, den wir von diesem Mädchen hören. Da ist sie noch ein Kind und schon spürt sie etwas in sich, das größer ist als ihre Eltern. Es gibt eine Ebene, in der jede Beziehung unpersönlich ist.

Als Nangsa fünfzehn Jahre alt ist, soll sie verheiratet werden. Doch Nangsa will nicht heiraten, für sie gibt es nichts Wichtigeres als die Lehren Buddhas und die Meditation. Das geht eine Weile ganz gut, bis der Freier ein König ist. Der sucht für seinen Sohn eine Frau und besinnt sich nach einem längeren Gesang an ihre Schönheit auf seine Macht. Nangsa ist ziemlich erschrocken. Sie ist sich bewußt, daß ihre schöne Erscheinung gegen sie gearbeitet hat. „Ich

möchte den Dharma praktizieren, aber nun sieht es so aus, als müßte ich diesen Prinzen heiraten."[63]

Hier hören wir also Nangsas Vorstellung, daß sich spiritueller Pfad und Familie ausschließen. Aber die Zeit scheint sich zu wandeln. Die Klöster sind fast leer. Wir leben jetzt. Und vielleicht steht es jetzt an, im Sinne einer Ganzwerdung und Erneuerung, daß wir beides leben - Familie *und* unserem Pfad folgen. „Ich möchte auch darauf hinweisen," sagt Teresa von Avila, „daß es, wenn man auf diesem Weg gut vorankommen und zu den ersehnten Wohnungen emporsteigen will, nicht darauf ankommt, viel zu denken, sondern viel zu lieben. Darum tut das, was am meisten Liebe in euch erweckt."[64]

Der König legt also Nangsa die Schärpen und den Schmuck um und meint, er würde sie als Frau für ihren Sohn nehmen. Damit war für den König die Verlobung vollzogen.

Nangsa geht nach Hause, versteckt die Schärpen und den Schmuck und geht wieder an ihre Arbeit.

Ich habe lange darüber nachgedacht, warum sie die Schärpen und den Schmuck versteckt. Es ist die einzige Handlung in der ganzen Erzählung, die von ihr unklar ist. Und damit ist sie ein Schlüssel für uns. In ihrem unbewußten Handeln drückt sie es aus. Sie hat Sehnsucht, hat schon ein Bewußtsein darüber, wohin sich die Sehnsucht richtet - *und* möchte einen Mann und Kinder.

Und ich denke mir, irgendwie kann es ja nicht angehen, daß in allen Menschen so ein tiefes Bedürfnis nach Anbetung und Verehrung des Göttlichen - unsere Sehnsucht - angelegt ist und *eine* Hälfte der

Menschheit kann das nicht mit ihren menschheitserhaltenden Fähigkeiten verbinden. Hier kann doch etwas nicht stimmen.

Der König kommt also nach ein paar Wochen wieder und will Nangsa mitnehmen. Die Eltern sind selbstverständlich begeistert von der guten Partie, die ihre Tochter gemacht hat. Aber Nangsa hat auf einer bewußten Ebene kein Verlangen danach, verheiratet zu werden, sie will nur den Dharma praktizieren. So spricht sie mit ihren Eltern.

Sie wolle nicht verheiratet sein, weil sie weiß, daß alle menschliche Bindung Illusion ist. Sie weiß das schon. Letztendlich gibt keine menschliche Bindung irgendwelche Sicherheit, denn alle Beziehungen laufen auf Trennung hinaus. Alle. Und sei es durch den Tod. Weil Nangsa das weiß, will sie gar nicht die Erfahrung machen. Aber vielleicht braucht sie sie? Um das Leben zu erhalten. Vielleicht braucht sie genau diese Erfahrung, um das zu finden, was jenseits dieser Existenz ist - wer weiß? Vielleicht ist ja diese scheinbare Unvereinbarkeit von Spiritualität und Familie auch nur eine Spiegelung der tiefen Abwertung des Weiblichen, des Lebens selbst. Wer weiß?

Die Eltern jedenfalls antworten ihr: „Der Sohn des Königs hat ein hitziges Blut; wenn du ihn nicht heiratest, wird er rasen. Wenn er uns tötet, so wird dies nicht zur Erleuchtung führen. Also bitte, heirate ihn und geh nicht fort, den Dharma zu praktizieren.“[65]

Nangsa fügt sich. Nach sieben Jahren gebiert sie einen Sohn, schön wie ein kleiner Gott. Sie dient mit Eifer ihrem Schwiegervater, ihrem Mann und ihrem

Sohn, ist freundlich zu den Dienern und Dienerinnen, hilft allen, arbeitet schwer auf den Feldern, kann gut säen und kochen. Es wäre alles in bester Ordnung, wäre da nicht ihre Schwägerin. Die ist total eifersüchtig, hat einen bösen Charakter und setzt ihr mächtig zu. Sie redet schlecht über Nangsa, intrigiert, gibt ihr kein Essen und gönnt ihr keine Kleider.

Es kommt ihr also diese Schwägerin in die Quere. Diese Schwägerin ist gleichsam eine innere Schattenschwester, ein innerer Anteil von uns selbst. Diese Schwester ist nicht eine andere, die bin ich auch selbst. Interessant ist, daß die Schwägerin in der Geschichte äußerlich als Hindernis auftritt, bei näherer Betrachtung aber ist es *die* Kraft, die Nangsa letztlich an ihr Ziel bringt. Es gibt kein Mysterium ohne die Integration dieses Schattenanteils von uns. Schauen mit Liebe. „Man kann etwas nur soweit erkennen als man es liebt," sagte doch Augustinus. Eifersüchtig ist die Schwägerin, sie redet schlecht über andere, intrigiert, gönnt Nangsa nichts, ist raffgierig. Kein leichter Blick auf uns... Den können wir wirklich nur mit Liebe werfen.

Und - wie gesagt - im Grunde ist sie die hilfreiche Figur in der Geschichte. Denn von ihr wird Nangsa auf ihrem Weg gleichsam angetrieben. Beinahe hätte sie sich im weltlichen Leben eingerichtet. Es war gerade alles so schön. Es gilt ein empfindliches Gleichgewicht zu halten. Täglich neu die Mitte finden. Wir möchten den Weg gehen, oder gehen ihn, sind in unserer Arbeit, unserer Familie, Partnerschaft, Alltag und ehe wir uns versehen, haben wir vor Gemütlichkeit oder Geschäftigkeit das Ziel aus den Augen verloren. Gott sei Dank sorgt die Dynamik des

Lebens meistens schnell dafür, daß die nächste Prüfung oder Herausforderung uns wieder in die Zentrierung katapultiert.

So weint Nangsa, während sie ihren Sohn stillt. Sie betrachtet alles, was die Erfahrung ihres Lebens ausmacht, als Hindernis auf ihrem Weg.

Nangsa sagt, Kinder sind wie ein Strick, der uns an die Erde bindet. Ich selbst erinnere mich, wie ich das erste Mal - nachdem mein erster Lehrer gestorben war - meiner neuen Lehrerin begegnet bin. Ich schmolz wie Eis in der Sonne in ihrer Gegenwart. Und dann sollte die Meditation sein - und ich mit meinem an der Brust nuckelnden Baby wurde aus dem Raum geschickt. Es mußte natürlich Ruhe sein. So stolperte ich dann draußen weinend mit meinem schreienden Kind im Arm durch den Wald.

Warum schrie das Kind?

Ich glaube, zu dieser Vorstellung, daß Kinder ein Strick wären auf dem Pfad kommt es vor allem durch jene Trennung von weltlichem und spirituellem Leben.

„Solange das Weib für das Gebären zuständig ist, ist es so verschieden vom Manne wie der Leib von der Seele. Doch wenn es Christus mehr zu dienen wünscht als der Welt, dann hört es auf, eine Frau zu sein, und kann als Mann bezeichnet werden.“[66]

Gut, das ist natürlich einige hundert Jahre her, als der heilige Hieronymus uns das erzählt hat, aber es wirkt immer noch. Trotz unserer schlauen Köpfe, es sitzt uns tief in den Zellen.

Und es gibt einen Aspekt, mit dem wir uns die Kinder selbst zum Strick machen. Indem wir die Kinder für unsere eigenen Interessen bekommen, nicht mehr als Dienst dem Leben gegenüber. Indem wir sie vergöttern, indem wir nach der Kleinkindzeit nicht wieder zurückfinden in unseren eigenen Raum und auch noch unsere 23jährigen füttern, indem wir unseren Kindern zu wenig zu-Muten. Und oft kommt es mir vor wie ein Vorwand, um nicht den eigenen Weg gehen zu müssen.

Nangsa bringt dann ihren Sohn in den Garten und trifft dort ihren Mann, der sich gerade die Haare gewaschen hat.

Nangsa erzählt ihm an diesem Tag vertrauensvoll alles - wie ihre Schönheit ihr zum Hindernis für ihre Dharmapraxis wurde, von den Intrigen ihrer Schwägerin, von ihren liebevollen Gefühlen für ihren Mann und ihren Sohn, von ihrem Wunsch, einmal ihre Eltern wiederzusehen und von ihrer ewigen Sehnsucht, den Dharma zu praktizieren. Ihr Mann hört zu, hört allerdings nur einen Teil davon - wohlgemerkt: auch diese Figur ist ein innerer Anteil von uns -, er hört also nur, daß sie ihre Eltern wiedersehen möchte (er verspricht ihr, daß sie das bald könne) und die Intrigen seiner Schwester (er wolle sie dazu befragen). Und jetzt, ab auf's Feld.

Also geht Nangsa mit ihrer Schwägerin auf's Feld, um Heu zu machen. Sie trifft dort zwei Pilger, die ihr von Milarepa, dem größten Lehrer erzählen, und sie beschenkt die Pilger.

Die Schwägerin, die Nangsa beobachtet hat, tobt. Sie wäre eine Dämonin, und sie könne doch nicht

alle, die hier vorbeikommen, beschenken. Die Schwägerin beschuldigt sie aller möglichen und unmöglichen Dinge und Nangsas Ehemann glaubt seiner Schwester und verprügelt seine Frau und läßt sie einsperren.

Auch den Aspekt von Gewalt können wir nicht mehr nach außen, auf den Mann, projizieren, wenn wir auf dem Weg sind. Auch diese Figuren sind Teil unseres Innenlebens. Wie hart und lieblos gehen wir oft mit uns selbst oder anderen um. Als ob das keine Gewalt wäre! Natürlich schleicht sich diese Seite auch in unsere spirituelle Praxis. „Nicht gewaltsam müßt ihr vorgehen, wenn ihr euch zu sammeln beginnt," belehrt Teresa ihre Töchter, „sondern mit Sanftheit, damit ihr es mit größerer Beständigkeit tun könnt."[67]

Ein ferner Lehrer hört Nangsas Klagen und schickt einen Bettler mit einem Affen vor ihr Gefängnisfenster. Sie will ihm etwas geben, was nur ihr gehört, damit sie nicht mehr beschuldigt werden kann und will ihn fragen, wohin sie gehen könnte, um den Dharma zu praktizieren. Sie singt ein langes Sehnsuchtslied, auch humorvoll, zum Beispiel meint sie, ihr Sohn sei zwar klug, aber das brächte ihr auch nicht die Erleuchtung. Der Bettler antwortet ihr, daß „einer der berühmtesten Milarepa in Lachi ist. Aber das ist zu entfernt von hier, du bist allein und kannst nicht zu ihm gehen."[68] Aber „hinter dem Berg, der aussieht wie ein liegender Elefant, gibt es ein hübsches Kloster und einen Lama namens Sakya Gyaltsen. Dieser Lama ist ein großer Meister. Wenn die Königin den Dharma praktizieren möchte, so geh

bitte dorthin."[69] „Als Nangsa den Namen Sakya Gyaltsen hörte, stellten sich die Haare auf ihren Armen auf und Tränen traten in ihre Augen."[70] Dann gibt sie dem Bettler den Schmuck, den sie am Leib trägt. Sie erinnern sich – es war der Schmuck, den sie einst versteckte ... Auch der Schal wird noch einmal vorkommen.

Hier wird jetzt das erste Mal ihr Lehrer in die Geschichte eingeführt. Nangsa hat eine tiefe Ungerechtigkeit erfahren. Aber sie weint nicht über die Ungerechtigkeit, sondern sie weint zu ihrem Ziel hin. Das ist das, was uns auf dem Weg weiterbringt und worin sich der spirituelle Weg von unserer psychologischen Arbeit an uns selbst unterscheidet. Und wir bekommen Hilfe. Viel, viel Hilfe. Nangsa weiß das noch nicht, aber die Erzählung sagt es uns.

Diesmal wurde Nangsa von ihrem Schwiegervater beobachtet. Er beginnt sie zu schlagen, obwohl ihre Wunden von den vergangenen Schlägen noch nicht geheilt waren. Und dann heißt es: „Nangsa war so unendlich traurig, daß sie an gebrochenem Herzen starb."[71]

Das ist die Prüfung des Verratenwerdens. Wir machen eine Erfahrung, die zutiefst ungerecht erscheint. Wir erinnern uns an Jesus, es war nicht nur der Hahn, der krähte ...

Sie erinnern sich, wie ich Ihnen von meiner ersten Begegnung mit meiner Lehrerin erzählte. Ein gutes Jahr später sollte ich nun endlich das erste Mal gemeinsam mit ihr in die Stille treten dürfen. Alles in mir war auf diesen Moment hin ausgerichtet. Und 14 Tage vor diesem Treffen verließ mich mein erster

Mann mit einer anderen Frau. Ich fühlte mich gewiß zutiefst verraten. Mein Herz wurde gebrochen bis auf seinen Grund und ich weiß seitdem, daß man aus Kummer sterben kann.

Nangsa *ist* gestorben. Es ist das Sterben vor dem Sterben. Eine Station auf dem Weg, die hier sehr drastisch geschildert wird. Da sich die Geschwindigkeit der Wege heute in einem rasanten Tempo erhöht, muß das nicht mehr so drastisch sein. Vieles wurde vielleicht einfach schon gelebt und das Bedürfnis unserer Zeit drängt - kurz gesagt, haben Sie keine Angst, es kann auch leichter gehen heute. Offensichtlich verlagern sich ‚die Prüfungen' zunehmend mehr und mehr auf einen innerlichen Prozeß.

Im Reich des Todes trifft Nangsa den dortigen Herrscher und singt auch dort ihr Lied. Der Herr des Todes antwortet ihr: "Wenn du einen Geist hast, der stets an den Dharma denkt, wirst du erleuchtet werden. Du mußt jetzt wieder in deinen Körper zurückkehren und anderen helfen."[72]

Als ihre beiden Peiniger sie wieder lebend sehen, packt sie natürlich die Reue und sie bitten um Vergebung. Nangsa singt ein langes Lied darüber, wie alles Weltliche ohne Bedeutung sei, und daß sie keine Bindung mehr eingehen möchte.

Da klettert das Söhnchen auf den Schoß seiner Mutter, weint und beginnt ein langes, langes Lied (wenn ich das in seiner ganzen Länge hier erzählen würde, liefen uns die Tränen nur so herunter...):

"Ich bin ein kleiner Junge, der von seiner Mutter getrennt war, wie ein Vogel ohne Flügel; auch wenn er zu fliegen versucht, wird er immer wieder zu Boden fallen. Bedenke dies und verlaß mich nicht! "[73]

Nangsa legt ihre Hand auf sein Köpfchen und antwortet: „Sei nicht abhängig von mir!“[74]

Das ist ein Punkt, der aufrichtigste innere Prüfung von uns als Mütter verlangt. Es ist ein feiner Seiltanz, bei dem wir auf der einen Seite zum Wohl des Kindes die Bindung eingehen müssen und wollen und auf der anderen Seite frei bleiben müssen. *Es geht um eine Bindung, ohne gebunden zu sein.* So ist beides möglich - ein Leben in der Welt zu führen, mit allem, was dazugehört und der steten inneren Ausrichtung auf unser einziges Ziel hin. Alles andere ist im Grunde mit einer großen Kränkung verbunden - uns selbst gegenüber, den Menschen gegenüber (sie erinnern sich an mein weinendes Kind im Wald) und dem Leben gegenüber.

Nangsas Söhnchen läßt auch nicht locker und antwortet seiner Mutter: „Wenn ich, der ich wie ein Adler bin, der auf einem hohen Felsberg lebt, nicht mit dem Berg verbunden bin, so werden doch meine großen Schwingen nicht wachsen. Darum warte bitte, bis ich groß genug bin, um zu fliegen. Wenn ich, dein kleiner Sohn, nicht bei dir, der lieben Mutter bin, werde ich nicht heranwachsen, bis ich selbst für mich werde sorgen können, bitte, verlaß mich nicht!“[75]

Nangsa steht also vor einem ähnlichen Punkt wie damals vor ihrer Heirat, als ihre Eltern erschlagen worden wären, wenn sie ihrem Weg so gefolgt wäre, wie sie sich das vorstellte. Hier braucht ihr Sohn sie für *seinen* Reifungsprozeß. Für mich hat das zutiefst etwas mit Demut dem Leben gegenüber zu tun. Nicht *wir* führen mit unseren Bildern im Kopf das Leben, sondern das Leben führt uns. Das ist nicht Passivität,

wie wir sie von uns kennen, das ist höchste Achtsamkeit. Es ist ein aktives Annehmen der Herausforderungen des Lebens. Es ist das Ja zum Leben.

Und Nangsa scheint sich in all ihrer Sehnsucht dieser Verantwortung bewußt zu sein - sie kehrt in ihre Familie zurück. Und ich bitte Sie, ganz genau zu hören - ich spreche nicht von „der Rückkehr der Frau in die Familie“. Beziehen Sie all die Gaben von Unterscheidungsfähigkeit und Selbsterkenntnis in Ihr Hören mit ein - es geht nicht um eine gesellschaftliche Ebene, es geht darum, daß Nangsa ihre Verantwortung dem Leben gegenüber auf einer tiefen Ebene übernimmt.

„Ich werde zu meiner Familie gehen und den Dharma lehren,“ denkt Nangsa. „Vor allem werde ich den Geist meiner Schwägerin in eine neue Richtung lenken.“[76]

Mit dieser Mission ist sie allerdings nicht sehr erfolgreich. Wenn wir es auf der äußeren Ebene, also im Sinne einer Missionierung betrachten, dann kann man nur sagen - der Mensch ist frei. Auch böse Schwägerinnen. Wenn wir es von innen her betrachten, die Schwägerin als inneren Anteil von Nangsa, dann scheint vielleicht dem Prozeß noch etwas zu fehlen, bevor wirklich die Integration der dunklen, inneren Schwester gelingt.

Nangsa tritt dazu eine Reise an - nach langer, langer Zeit kommt sie wieder nach Hause zu ihren Eltern. Es gibt fürwahr viel zu erzählen. Eines Tages betritt Nangsa das Webzimmer und sieht auf dem Webstuhl ein Stück Stoff, das sie unfertig zurückgelassen hatte. Und sie beschließt, es fertig zu weben.

Für mich ist dieses wunderschöne Bild des unfertigen Gewebes in ihrem Elternhaus der Hinweis - wenn ich mich modern ausdrücke - daß wir auf dem spirituellen Weg nicht um die psychologische Arbeit im weitesten Sinn herumkommen.

Wir alle kennen, gerade in unserem christlichen Kulturkreis, diese frommen, absolut unbewußten ‚Heiligen', denen man besser nicht im Dunklen begegnet, weil dort hinter den verschlossenen Türen oder vorgehaltenen Händen der Geifer nur so tropft. Engel sein zu wollen, solange wir auf der Erde sind, wäre Unsinn, meint Teresa von Avila.

Die offenen Fäden unserer persönlichen Geschichte müssen eingewebt werden ins Ganze. So wie ich vorhin erzählt habe, daß manche von uns in der psychologischen Ebene steckenbleiben, so versuchen viele von uns auch *zu früh* inneres Geschehen auf die spirituelle Ebene zu bringen, versuchen einfach, eine Ebene zu überspringen. Dieses Phänomen führt zu all diesen unausgesprochenen Tabus in vielen spirituellen Gruppen.

Nangsa singt wie immer lange Lieder, diesmal mit ihren Freundinnen und mit wundervoller Webstuhl-Metaphorik. Die Mutter bekommt das natürlich mit und ist ziemlich sauer, daß sie ihre Eltern, ihren Mann und Kind und Palast verlassen möchte, um ihrem Weg zu folgen. „Denke nicht, daß du meine Tochter bist oder ich deine Mutter bin, wenn du dich so schlecht benimmst."[77] Die Mutter nimmt eine Handvoll Asche und wirft sie Nangsa ins Gesicht, schlägt sie mit einem Stock und schmeißt sie aus dem Haus.

Nangsa ist jetzt nichts mehr - keine Tochter mehr, keine Mutter, keine Königin, keine Ehefrau. Sie ist nichts mehr und hat nichts mehr. Das ist der Weg. „Reine Unmittelbarkeit ist nicht nur ein Zerbrechen jeder Gottesvorstellung, sondern ein Zerbrechen jeden Ichgefühls,“[78] sagt Georg Schmid, ein christlicher Theologe. Und da die meisten von uns an all diesen Identitäten hängen und es normalerweise weh tut, unsere Identifizierungen aufzugeben, ist der Weg sicherlich nicht nur süßes Zuckerschlecken. Es geht schließlich um unsere vollkommene Freiheit. Unsere innere Freiheit als Mensch. Das muß nicht heißen, daß wir *äußerlich* allein und ärmlich leben, ganz und gar nicht, das heißt nur, daß wir nicht abhängig, nicht gebunden sind, an nichts und niemanden, auch wenn wir in Bindungen leben. Wir sind innerlich frei.

Nangsa erinnert sich in dieser Situation daran, wie ihr der Herr des Todes gesagt hatte, sie solle zurückgehen und den fühlenden Wesen helfen. „Nun wurde mir sogar mein Sohn weggenommen. Diese offensichtliche Tragödie ist vielleicht ein Glück im Unglück. Nun bin ich frei, um den Dharma zu praktizieren. Ich möchte gern zu Milarepa gehen, aber er ist zu weit weg von hier, und es ist gefährlich, allein zu reisen. Also werde ich tun, was mir der Bettler mit dem Affen geraten hat, und Sakya Gyaltsen aufsuchen. Und ich werde vielen fühlenden Wesen helfen, wie der Mond, der sein Licht ohne Unterscheidung verbreitet.“[79]

Wie weise Nangsa geworden ist. Eigentlich ist sie zu diesem Zeitpunkt schon eine Heilige. Und sie hat nichts getan als ihr Leben gelebt, gebetet und in schier unendlicher Ausdauer an der inneren Ausrichtung festgehalten. Bis zu diesem Zeitpunkt hat sie noch keine Übungen gemacht, keine sichtbaren Einweihungen erhalten - nur ihr Herz hat seine Richtung gehalten. Und sie ist menschlich, hat Fehler, hadert mit ihrem Schicksal und steht mit beiden Beinen auf der Erde. Wir haben oft Vorstellungen von heiligenmäßigem Leben in uns, die so fern vom Menschlichen sind. Natürlich ist es eine ‚offensichtliche Tragödie' und ein ‚Unglück', das sie erlebt. Sie erlebt ihre Gefühle deutlich. Sie leugnet sie nicht.

Nur ihre *Haltung* dem Unglück gegenüber ist eine andere. Es ist die Haltung des Annehmens. Sie sagt ja zu dem, was geschieht. Und diese Haltung gewinnt sie aus ihrem sehnsuchtsvollen Ziel. So wachsen wir Schritt für Schritt aus dem Leiden. Nicht das Leiden geht, unsere Haltung zum Leiden ändert sich durch das Getragensein des inneren Stroms.

Wie sehr sie mit beiden Beinen auf dem Boden steht, zeigt ihr Umgang mit ihrer Suche nach dem Lehrer. Natürlich möchte sie gerne zu Milarepa - wer möchte das nicht. Aber er ist zu weit weg, das Reisen allein ist gefährlich. Die Welt, so wie sie ist, zu sehen, ein gutes Geerdetsein, gehört dazu, um den Himmel zu erreichen. Ein luftiges Umherflattern wie ein Schmetterling ist keine Basis für tiefe Erfahrung.

Und was mir so gefällt in der Geschichte ist, daß ihr Lehrer um die Ecke wohnt, hinter dem Berg, der aussieht wie ein liegender Elefant. Wenn wir soweit

sind, ist ES nahe. Um die Ecke. Vorher wissen wir das oft nicht, weil die Arbeit im Stillen geschieht.

Sakya Gyaltsen wußte dank seiner allwissenden Schau von ihrem Kommen. „Ich habe dich geprüft, um deiner inneren Verpflichtung sicher zu sein. Ich werde dich lehren. Mache dir keine Sorgen!“[80]

Er gibt ihr alle Einweihungen und Übungen und beide sind sehr glücklich.

Aber da wir eingebettet sind in ein Ganzes, ist die Geschichte hier noch nicht zu Ende. Die Truppen rücken an. Der Mann will seine Frau wiederhaben. Da sagt der Lehrer: „Nun mußt du, Nangsa, deine Kräfte zeigen, dann werden sie sich dir mit Hingabe unterwerfen!“[81]

Und Sie erinnern sich - alle Figuren sind Aspekte von uns selbst - es geht nicht darum, daß sich uns jemand hingibt, sondern daß sich *in uns* alle Kräfte auf das Eine ausrichten - das ist unsere vollkommene Hingabe.

Nangsa macht aus ihrem Schal Flügel und fliegt hinauf in die Lüfte und singt: „Hier bin ich und fliege über euren Häuptern. Wenn ich wie ein Adler fliegen möchte, fliege ich wie er! Menschen, die wie Vögel fliegen können, sind selten, nur Milarepa kann es - und wir...“[82]

Welch ein Bild für die Freiheit! Das Fliegen. Nangsa hat erreicht, wonach sie sich sehnte. Das Fliegen als Bild für die Befreiung, für das Einssein mit Gott, für die Erleuchtung. Und dieser untergründige Humor, „nur Milarepa kann es - und wir.“ Sie ist eins mit ihrem Lehrer, eins mit Milarepa, eins mit allem, eins mit dem Nichts.

Nangsa war noch nicht lange bei ihrem Lehrer gewesen, vielleicht sechs Wochen - und schon hat sie eine Stufe erreicht wie Milarepa. Niemand erreicht in sechs Wochen die Erleuchtung! Also, was heißt das? Das ist doch eine sehr spannende Stelle.

Heißt das nicht, daß ihr Leben schon der Weg war? Daß alles, womit sie haderte, eigentlich Etappen auf dem Weg zu ihrem Ziel waren? Daß wir geführt sind, auch wenn wir es nicht wissen?

Heißt das nicht, daß es auch für uns einen spirituellen Weg gibt, der sich sehr wohl mit unserem Leben vereinbaren läßt? Würde unser Bewußtsein darüber nicht die unselige Trennung von weltlich und heilig, von oben und unten, von Geist und Materie auflösen?

Welch wunderbare Verantwortung tragen wir da.

Ich habe es ausgerechnet - 22 Jahre lang hat Nangsa mit ihrer brennenden Sehnsucht *und* ihrer Familie gelebt, und sechs Wochen war sie bei ihrem Lehrer - von der Übungspraxis her entspräche das 7 1/2 Minuten täglich - das müßte doch zu schaffen sein. Vielleicht noch eine halbe Stunde mehr. Auch für die Undiszipliniertesten unter uns. Eingebettet in gelebtes Leben mit innerer Ausrichtung.

In der Geschichte von Nangsa fallen an diesem Punkt die Waffen, alle - auch die Schwägerin - werfen sich nieder, bitten um Vergebung und geloben, den spirituellen Weg zu gehen. Nangsas Sohn übernimmt das Königreich. Übertragen heißt das, sie ist ein ganzer Mensch geworden. Sie wirkt an vielen Orten, „als seien die Steine weiche Butter“.[83]

Ich habe zu Beginn die Bewegungen unserer Zeit erwähnt. Wie die Öffnung des spirituellen Wissens, der Mangel an Religiosität und das Bestreben nach Ebenbürtigkeit von Frau und Mann zeitgleich zusammenfallen.

Für mich hat das eine Bedeutung für uns Frauen. Das Phänomen trägt einen Keim in sich. Es ist der Keim des Bewußtseins göttlicher Präsenz in *jedem* Augenblick unseres alltäglichen Lebens. Das Göttliche ist nicht mehr abgespalten, nicht mehr getrennt, wird nicht mehr delegiert – ES ist JETZT. Und *wir* haben damit etwas zu tun.

Lassen wir also die alten, engen Vorstellungen von uns und spirituellem Leben hinter uns. Und setzen uns an den Tisch der Sehnsucht. Er wird nie leer.

Anmerkungen

[1] Anais Nin, S. 27
[2] Sanford/Donovan, S. 156
[3] Singer, S. 28
[4] Sanford/Donovan, S. 31, leicht gekürzt
[5] a. a. O. S 177
[6] Stephan, S. 67
[7] Sprache der Göttin, S. 74
[8] Uhlig, S. 219
[9] Sanford/Donovan, S. 173
[10] a. a. O. S. 175
[11] Claremont de Castillejo, S. 73
[12] Sanford/Donovan, S. 139
[13] a. a. O. S. 144
[14] Lessing, S. 37
[15] Campbell, S. 101
[16] Kuhn, S. 9
[17] a. a. O.
[18] a. a. O.
[19] a. a. O. S. 17
[20] a. a. O.
[21] a. a. O. S. 19
[22] a. a. O. S. 21
[23] a. a. O.
[24] a. a. O. S. 22
[25] a. a. O. S. 10
[26] a. a. O. S. 22
[27] a. a. O.
[28] a. a. O. S. 14
[29] a. a. O. S. 10
[30] a. a. O. S. 22
[31] a. a. O.
[32] a. a. O. S. 23
[33] a. a. O. S. 37
[34] Meier-Seethaler, S. 46
[35] a. a. O. S. 47
[36] Mulak, zit. aus *Auf den Spuren der Göttin*, Begleitheft S. 40

[37] a. a. O. S. 42
[38] Tschelebi, ohne Seitenzahl
[39] Woolf, Frauen und Literatur, S. 221
[40] privater Brief
[41] Trömel-Plötz, S. 152
[42] a. a. O. S. 152
[43] a. a. O. S. 135
[44] Woolf, s.o. S. 221
[45] Trömel-Plötz, S. 134
[46] Hellmann, S. 178
[47] ab 40, S. 103, leicht gekürzt
[48] Kelly, S. 138
[49] a. a. O. S. 52
[50] Kölner Stadt-Anzeiger
[51] Schottroff, S. 161
[52] Buber, S. 65
[53] Schmid, S. 47
[54] a. a. O. S. 65
[55] a. a. O. S. 33
[56] Avila, S. 49
[57] Schimmel, S. 33
[58] Avila, S. 44
[59] Schmid, S. 33
[60] Schottroff, S. 159
[61] a. a. O. S. 162
[62] Allione, S. 111 Zur leichteren Lesbarkeit habe ich Eigennamen in den Zitaten durch ihre Funktion ersetzt, Fachbegriffe eingedeutscht und Auslassungen in den Zitaten nicht gekennzeichnet. ap
[63] a. a. O. S. 117
[64] Avila, S. 63
[65] Allione, S. 122
[66] Stanford, S. 88
[67] Avila, S. 43
[68] Allione, S. 136
[69] a. a. O. S. 137
[70] s.o.
[71] s.o.

[72] a. a. O. S. 140
[73] a. a. O. S. 146
[74] a. a. O. S. 147
[75] a. a. O. S. 149
[76] a. a. O. S. 150
[77] a. a. O. S. 164
[78] Schmid, S. 54
[79] Allione, S. 165
[80] a. a. O. S. 169
[81] a. a. O. S. 174
[82] a. a. O. S. 174
[8383] a. a. O. S. 177

Literatur

- *ab 40*, 4/96
- Allione, Tsültrimm: *Tibets weise Frauen,* Heyne Verlag,München 1994
- Appleman, Alicia: *Alicia - Überleben, um Zeugnis zu geben,* Scherz, Bern, München, Wien 1989
- Avila, Teresa von: *Die innere Burg*, Diogenes, Zürich 1979
- *Auf den Spuren der Göttin*, Katalog zur gleichnamigen Ausstellung, plus Begleitheft, Volkshochschule Marl, 1992
- Boom, Corrie ten: *Die Zuflucht*, R. Brockhaus Verlag, TB 817, Wuppertal 1998
- Buber, Martin, in: Peter Sloterdijk (Hrsg:) *Mystische Zeugnisse aller Zeiten und Völker - gesammelt von Martin Buber.* Eugen Diederichs Verlag, München 1993
- Campbell, Joseph, *Die Kraft der Mythen*, Artemis, Zürich 1989
- Claremont de Castillejo, Irene, *Die Töchter der Penelope*, dtv, München 1993
- Cordes, Almut: *Sich öffnen für die Liebe*, Frick Verlag
- *Die Zeit*, Nr. 2, 2.1. 1998
- *Eine Reise nach Catal Hüyük*, Informationsblatt des Direktors des Konyamuseums
- Eisler, Riane, *Kelch und Schwert,* Goldmann, München 1993
- Elworthy, Scilla, Power & Sex, *Das weibliche Prinzip....*, Ariston Vlg., Kreuzlingen 1997
- Gaßner-Vischer, Angela: *Die Sprache der Göttin – Maria Gimbutas,* in ab 40 Nr. 4/93, München 1993
- Giehse, Therese, *Ich hab nichts zum Sagen, Gespräche mit Monika Sperr,* C. Bertelsmann Vlg, München 1973
- Gyger, Pia: *Meditieren für den Frieden*, in „Meditieren - wie und wo, Herder, Freiburg 1995
- Hahn, Ulla, Hrsg., *Stechäpfel*, Reclam jun., Stuttgart 1992
- Hancock, Emily, *Tief unter unserer Haut*, Econ TB, Düsseldorf 1993
- Hellmann, Brigitte, Hrsg., *Frauengeschichte(n),* dtv, München 1997

- *Hessische Allgemeine*, 6. und 7. Dezember 1997
- Jaffé, Aniela, Hrsg. *Erinnerungen, Träume, Gedanken von C, G, Jung,* Walter, Olten 1982
- Jellouschek, Hans: *Die Froschprinzessin,* Kreuz Verlag, Zürich 1989
- Johnston, Wlliam: *Spiritualität und Transformation, Erneuerung aus den Quellen östlicher und westlicher Mystik*, Kösel, München 1986
- Kelly, Kevin W., Hrsg., *Der Heimatplanet.* Zweitausendeins, Frankfurt/Main 1989
- Kisilkaya, Muhshin: *Kilims of Hakkari*, Skylife Ocak, Januar 1997
- *Kölner Stadt-Anzeiger*, November 1997
- Korth, Michael, *Geschichte der europäischen Frauenlyrik in: Schöner Jüngling mich lüstet Dein,* Eichborn Vlg, Frankfurt/Main 88
- Kuhn, Annette, Hrsg., *Die Chronik der Frauen,* Chronik Vlg., Dortmund 1992
- *Kunst und Kultur*, 8/9, Nov../Dez. 1997
- Lerner, Gerda, *Die Entstehung des Patriarchats,* Campus, Frankfurt/M. 1991
- Lerner, Harriet G., *Das mißdeutete Geschlecht*, Fischer, Frankfurt/M. 1993
- Lessing, Doris, *Unter der Haut,* Hoffmann und Campe, Hamburg 1994
- Lichtenfels, Sabine, *Weiche Macht,* Berghoff and friends, Belzig 1996
- Lisieux, Therese von: *Selbstbiographie*, Johannes Vlg. Einsiedeln 1958
- Meier-Seethaler, Carola, *Ursprünge und Befreiungen,* Fischer, Frankfurt/M. 1992
- Mellaart, James, *Catal Hüyük*, Lübbe, Bergisch Gladbach 1967
- *Museum für anatolische Zivilisationen*, Katalog des Museums in Ankara
- Mieth, Dietmar, Hrsg.: *Meister Eckhart*, Walter,Olten 1979
- Nin, Anais, *Sanftmut des Zorns*, Knaur, München 1994

- Nolda, Sigrid, *Frauensprache - Männersprache als Problem der Erwachsenenbildung* in: Hessische Blätter für Volksbildung, 3/1995
- O'Halloran, Maura: *Im Herzen der Stille*, Fischer TB, Frankfurt/Main 1998
- *Oberbayrisches Volksblatt*, Jan. 98
- Otto, Volker und Voigt, Ulla Hrsg., *Erwachsenenbildung in Bewegung - Frauen steuern mit,* Deutscher Volkshochschul-Verband, München 1994
- Pernoud, Regine: *Die Heiligen im Mittelalter*, dtv , München 1995
- Pörner, Gabi, *Küß Dich wach, Prinzessin,* Peter Erd, München 1993
- Riedel, Ingrid: *Hildegard von Bingen*, Kreuz Stuttgart 1996
- Sanford, Linda und Donovan, Mary, *Frauen und Selbstachtung,* Klein, Hamburg 1994
- Schimmel, Annemarie: *Mystische Dimensionen des Islam,* Qalandar Verlag, Aalen, 1979
- Schmid, Georg: *Die Mystik der Weltreligionen* Kreuz Verlag, Stuttgart 1990
- Schottroff, Luise und Thiele, Johannes: *Gotteslehrerinnen*, Kreuz Suttgart 1989
- Shah, Idris: *Die Sufis*, Diederichs, Düsseldorf 1976
- Sheldrake, Rupert, *Das schöpferische Universum*, Goldmann Vlg., München 1984
- Singer, Christiane, *Zeiten des Lebens*, Diederichs, München 1992
- *Sprache der Göttin*, Frauenmuseum Wiesbaden, Wiesbaden 1994
- Stanford, Peter: *Die wahre Geschichte der Päpstin Johanna,* Rütten & Loening, Berlin 1999
- Stephan, Inge, *Das Schicksal der begabten Frau,* Kreuz, Stuttgart 1989
- Stern, Carola, *Der Text meines Herzens*, Rowohlt, Hamburg 1994
- *Stern*, Nr. 49/ 97
- Trömel-Plötz, Senta, *Frauensprache: Sprache der Veränderung,* Fischer TB, Frankfurt/Main 1982

- Tschelebi, Dschelaleddin, *Das Sema-Ritual*, Informationsblatt des Tourismusbüros in Konya
- Tweedie, Irina: *Der Weg durch Feuer*, Ansata Verlag, Interlaken 1988
- Tweedie, Irina: *Vortrag in Hamburg am 20. 8. 87 Zum Thema „Das Leiden der Frau"*
- Uhlig, Helmut, *Die Große Göttin lebt*, Lübbe, Bergisch Gladbach 1992
- Vaughan-Lee, Llewellyn: *Das verborgene Gesicht der Liebe*, Ansata, Bern/ München/Wien 1998
- Verkade, Jan Willibrod: *Die Unruhe zu Gott, Erinnerungen eins Malermönchs*, Herder, Freiburg 1923
- Weiler, Gerda, *Der enteignete Mythos,* U. Helmer Vlg., Königstein, 1996
- Wilber, Ken: *Mut und Gnade*, Scherz Verlag, München 1993, S. 209
- Woolf, Virginia, *Ein Zimmer für sich allein*, Fischer, Frankfurt/M. 1981
- Woolf, Virginia, *Frauen und Literatur,* S. Fischer Vlg. Frankfurt/Main 1989

Wer der Autorin schreiben möchte oder sie einladen, um einen der Vorträge zu halten, kann das gerne tun:

Anna Platsch
Hochgernstr. 14
83209 Prien am Chiemsee

annaplatsch@gmx.de